Neuro-aprendizagem
e Inteligência Emocional

INÊS COZZO OLIVARES

Neuro-
aprendizagem
e Inteligência Emocional

QUALITYMARK

Copyright © 2012 by Inês Cozzo Olivares

Todos os direitos desta edição reservados à Qualitymark Editora Ltda.
É proibida a duplicação ou reprodução deste volume, ou parte do mesmo,
sob qualquer meio, sem autorização expressa da Editora.

Direção Editorial SAIDUL RAHMAN MAHOMED editor@qualitymark.com.br	Produção Editorial EQUIPE QUALITYMARK
Capa DÉBORA SILVA DE SOUZA	Editoração Eletrônica EQUIPE QUALITYMARK

1ª Edição: 2009

1ª Reimpressão: 2012

CIP-Brasil. Catalogação-na-fonte
Sindicato Nacional dos Editores de Livros, RJ

O43i

Olivares, Inês Cozzo
    Neuroaprendizagem e Inteligência Emocional – Rio de Janeiro: Qualitymark
Editora, 2012.
    144p.

    Inclui bibliografia
    ISBN 978-85-7303-848-4
    1. Inteligência emocional. 2. Inteligências múltiplas. 3. Inteligência. I. Título.

08-4922.   CDD: 153.9

2012
IMPRESSO NO BRASIL

Qualitymark Editora Ltda.
Rua Teixeira Júnior, 441 - São Cristóvão
20921-405 – Rio de Janeiro – RJ
Tels.: (21) 3295-9800
ou (21) 3860-8422

Fax: (21) 3295-9824
www.qualitymark.com.br
E-Mail: quality@qualitymark.com.br
QualityPhone: 0800-0263311

Dedicatória

Meio preâmbulo do livro, meio dedicatória à minha irmã, à minha mãe e ao meu marido. Vejamos no que dá...

Eu criei, coordeno e conduzo um grupo de estudos de Neurociências (GEN) desde 2005 em São Paulo. Mais especificamente de Neuroaprendizagem, Neuropsicologia, Neuro*marketing* e um segmento novo no mercado conhecido como Neuro*business*. Este último une os saberes das neurociências (psiconeurofisiologia) com os objetivos e os saberes da administração de negócios, e pretende oferecer atalhos para as pessoas que trabalham com mudança de comportamento nas organizações.

Pois bem, esses são meus "brinquedos" hoje. Nesses espaços de "brincar" de entender melhor como somos e como funcionamos, eu ofereço às pessoas, da forma mais lúdica possível, por razões ligadas aos princípios de Neuroaprendizagem e desejo meu, na medida das minhas possibilidades, ferramentas, informações, conhecimentos e saberes para que elas atuem melhor em suas áreas – reconhecidamente na de Treinamento e Desenvolvimento Humano.

Dois dias antes de começar a organizar o material deste livro, parte republicação dos artigos escritos na Revista T&D no período de 97 a 99, parte reprodução de algumas aulas no GEN, minha irmã Daniela – menina-mulher brilhante, inteligente e de raciocínio muito ágil e claro, desde que aprendeu a falar – foi cedo, por sinal – e que continuamente me arranca frouxos de risos com as direções mais incríveis que um raciocínio pode tomar (Edward De Bono deveria conhecê-la. Ela é a vivificação da teoria de que o pensamento lateral existe e é meu parente!), dizia-me que as pessoas estão acostumadas com uma banana por dia e que eu estava querendo que elas engolissem uma penca!

Só tinham que engasgar mesmo!

É verdade, eu tenho essa característica.

Quem me conhece sabe disso. Meu marido Tuim, por exemplo, vive se queixando de que, a cada aula, eu carrego nossa casa no carro. Isso nem seria problema... se tivéssemos um caminhão e ele uma equipe de ajudantes! Preciso ficar sempre me lembrando de agradecer a ele pela enorme inteligência espacial que me empresta a cada GEN ou trabalho em eventos e empresas!

Na verdade, ele também é chegado a uma penca de bananas, só que, no caso dele, uma penca com uma banana de cada tipo. Imaginem! Uma penca com uma banana nanica, uma prata, uma maçã, uma da terra, e por aí vamos! Bom, o fato é que ele me alimenta, constantemente, com suas bananas (Oops...estou correndo riscos com essa metáfora posicionada assim, mas é verdade mesmo, fazer o quê?).

O que quero dizer é que ele lê absolutamente tudo: de *outdoor* e nomes de lojas enquanto dirige e escuta a CBN a Guimarães Rosa e Saramago enquanto passeia por James Lovelock (*A Teoria de Gaia*) e Arthur C. Guyton (o mais clássico dos tratados de fisiologia médica) que ele simplesmente ama! Claro que nos intervalos ele lê um pouco sobre as culturas japonesa, espanhola e muçulmana porque ninguém é de ferro e precisa se distrair, certo?

Você já percebeu que meu marido é um poço sem fundo de informações! E eu bebo dessa água todos os dias! Nem ele tem a exata medida do quanto me nutre. Nem por isso me nutre menos. E, justamente por ser com esse marido — adorável e um tanto folclórico — com quem vivo há quase 25 anos, é que este livro tem de tudo um pouco.

Bom, isso tudo vai fazer uma enorme diferença na forma como esta obra será organizada. Aqui, você receberá muitas informações, mas será no modelo "uma banana por dia". Os capítulos são curtinhos. Até porque, como disse no início, a maior parte do conteúdo é constituída de compilações da seção que escrevi para a Revista T&D de outubro/1997 a dezembro/1999.

Por favor, veja sua medida para assimilar todo o conteúdo do livro. Ele não é, mesmo, linear. Você pode começar pela banana que quiser dessa penca. Para isso, cada capítulo tem um "olho" indicando, em poucas palavras, do que se trata. Veja o que lhe é mais necessário, desejado ou urgente em um dado momento e vá diretamente até lá.

Esse "olho" já no Sumário tem outra finalidade: preveni-lo(a) sobre comprar ou não este livro. Explico. Há alguns anos, ouvi essa história sobre um senador americano que, interessado em transformar os índios em cidadãos dos EUA (como se eles já não o fossem), foi ter com o chefe da tribo para convencê-lo a mandar seu filho e sucessor para uma universidade. Ele passou uma hora inteirinha falando sobre as vantagens que o rapaz teria e traria para a tribo, sobre o quanto ele aprenderia e o quão sábio ficaria. E superior. E esperto. Dissertou o quanto pôde sobre a importância de um diploma nos dias de hoje e quão renomados eram os professores da universidade para a qual o rapaz iria. Explicou, também, que o chefe não gastaria um único centavo com isso e tudo seria pago pelo governo dos EUA, inclusive alimentação, roupas, livros, moradia... E falou, falou e falou. Ao final, o chefe, com toda a sua tranquilidade inabalável e sem alterar um único músculo da face disse-lhe:

"Você coça. E coça muito! E coça bem! Mas... onde você coça, não coça". E dispensou o senador.

Minha irmã Dani, meu marido Tuim, minha mãe, que é responsável por grande parte do bom humor e da inteligência que as pessoas me atribuem – e que se autointitula "Dona Maria *das* pernacurta" mas se chama mesmo Maria Inês – e todos que me conhecem sabem que eu coço, e coço muito, e coço bem, mas, antes de comprar este livro, leia o Sumário e veja se onde eu coço tá mesmo te coçando.

Obrigada por chegar até aqui.
Tomara que nos encontremos de novo no final...

Inês Cozzo Olivares

Prefácio

Nos últimos tempos, tenho direcionado a algumas pessoas uma mesma pergunta: *como podemos melhorar o mundo?* Não têm sido muitas, e isto seguramente demonstra que preciso buscar mais e mais rápido.

Eu repito este questionamento, em verdade, às pessoas que, da minha singela perspectiva, já estão dedicando sua vida a melhorar a vida dos outros, pois a intenção de minha pergunta não é testar, mas articular e criar uma rede cuja sinergia potencialize mudanças necessárias. Algumas pessoas seguramente merecem a qualificação, pois o grau de humanidade que possuem é o da melhor definição místico-filosófica-espiritual. São pessoas que, conscientes de sua responsabilidade e missão, fazem de sua jornada neste planeta um exemplo vivo de respeito, aprendizagem, maturidade, emoção sincera, cooperação, criatividade, coragem e persistência.

Entre elas está a Inês.

Tive o prazer de conhecê-la há alguns anos (quando são mais do que dez anos é melhor deixar a resposta genérica, não?), num evento sobre o assunto *criatividade*.

Desde então, toda chance que tive de interagir com ela reforçou minha convicção de que se eu precisasse construir uma equipe para alcançar o objetivo de um mundo melhor, ela estaria entre os primeiros escolhidos.

Portanto, declaro minha enorme satisfação e honra em prefaciar esta sua obra mais recente, que consolida anos de experiência profissional no trato com o ser humano. Além disso, articula conceitos, exercícios, técnicas e estratégias que todos podem utilizar para aumentar seu entendimento e domínio sobre a fugidia inteligência, em especial aquela chamada de emocional.

Meu dia a dia se baseia em pesquisar, estudar, aprender e ensinar, pois trabalho eminentemente com educação, no âmbito acadêmico mais puro e no âmbito corporativo. Acompanho muito de perto as transformações no conhecimento disponível e as exigências de formação que o mundo nos faz. E, dessa ótica, declaro o valor deste livro. Após folhear suas páginas, ainda em versão preliminar, já me senti compelido a organizar algumas de suas informações para um curso próximo, indicá-lo como referência de leitura e utilizar uma ou duas atividades de aquecimento. Se existe um conhecimento do qual todos nos podemos beneficiar, é aquele sobre como desenvolver a inteligência emocional, a maturidade e o autocontrole, e intensificar e facilitar o processo de aprendizagem.

Além disso, tem enorme importância a contextualização feita pela Inês dos conceitos que serão aqui apresentados, mediante sua experiência em sala, com inúmeros grupos. Suas observações e dicas para utilizar alguns conhecimentos e interpretar algumas atividades descortinam o caminho da reflexão.

E nada como permear uma obra escrita com a energia da vida vivida. Isso o leitor também encontrará, pois embora o papel aparentemente não carregue esta mensagem, sou daqueles que acreditam em algo mais sensível, que impregnamos em tudo o que fazemos, seja um livro, um desenho, o plantio de uma árvore, a carícia num animal, o amor que gera um filho ou a compaixão.

Para fechar, lembro que a Inês é daquelas pessoas que não se intimidam para responder perguntas como a que ouvi recentemente de meu filho: quanto é 25 mais infinito e além? Perguntas criativas, difíceis, ingênuas e que demandam nossa imaginação e o uso de nossas melhores habilidades. A Inês vem respondendo a algumas perguntas difíceis como essa, sucessivamente, com seus trabalhos e exemplos, e seguramente com esta obra.

Quais são os conhecimentos mais relevantes que podemos divulgar?

Como ensinar melhor?

Como desenvolver o ser humano?

Como cooperar para evoluir?

Etc.

Portanto, não se assuste quando a Inês lhe oferecer uma penca de bananas (veja a Dedicatória!). Sugiro fazer da penca uma belíssima banana-split e aproveitar a chance de aprender!

Victor Mirshawka Junior

Sumário

INTRODUÇÃO 1
O que você pode esperar (ou não) deste livro

CAPÍTULO 1 – QE & MÚLTIPLAS INTELIGÊNCIAS: COMO ISSO AFETA VOCÊ 3
Você tem ideia de como está sua maturidade emocional? Sabia que ter um elevado QI não é mais considerado o principal fator de sucesso nos negócios e na vida pessoal?

CAPÍTULO 2 – QUESTIONÁRIO PARA PESQUISA DE INTELIGÊNCIA E MATURIDADE EMOCIONAL 7
Melhores informações do livro de Daniel Goleman transformadas em perguntas com suas respectivas respostas baseadas nas pesquisas citadas neste livro.

CAPÍTULO 3 – INTELIGÊNCIA EMOCIONAL & MUDANÇA .. 11
Uma das muitas formas em que a Inteligência Emocional interfere nos processos de mudança e o que fazer através do uso de ferramentas conversacionais.

CAPÍTULO 4 – ABC EMOCIONAL E JOGO DO 123 21
Mais do que dois "jogos", um conjunto de informações da Neuropsicologia e da Neuroaprendizagem sobre produtividade.

CAPÍTULO 5 – CRONOBIOLOGIA 37
Parte da Neurociência que estuda os períodos do dia em que nosso organismo está produzindo hormônios e outras substâncias químicas para diversas finalidades. Aqui, as que mais nos interessam em aprendizagem.

CAPÍTULO 6 – METÁFORAS, HISTÓRIAS, PENSAMENTOS E OUTROS TEXTOS 43
Alguns textos úteis para sensibilizar/mobilizar estados nos treinandos.

CAPÍTULO 7 – MÉTODO DA ADMINISTRAÇÃO EMOCIONAL 63
Integração de abordagens da Psicologia: Psicoterapia Corporal, Análise Transacional, Psicodrama, além de Terapias Orientais, aliada à experiência Organizacional, Educacional e Artística, quando compreendemos que a "arte imita a vida".

CAPÍTULO 8 – EXERCÍCIOS DE INTEGRAÇÃO, AQUECIMENTO E CONTEÚDO 73
Baseados em princípios de Neuroaprendizagem e Neuropsicologia. Algumas vezes também de Neuromarketing.

CAPÍTULO 9 – ATIVIDADES QUE FORTALECEM TIMES/EQUIPES 97
Ou o princípio da Cooperação como estratégia de sucesso ampliado.

CAPÍTULO 10 – DINÂMICA DOS ESPELHOS 113
Já ouviu falar em sistema tálamo-cortical ou neocórtex? Em sistema límbico-hipotalâmico? Em tronco encefálico? Sabe quais são suas funções e como isso nos ajuda na gestão?

CAPÍTULO 11 – A COMPETIÇÃO NO BANCO DOS RÉUS. SERÁ ESTA A SOLUÇÃO? 123
Competição, Cooperação, Omissão e algo mais...

Introdução

Que um novo conceito de inteligência está sendo proposto por inúmeros cientistas e pesquisadores do comportamento humano em universidades do mundo inteiro não é mais novidade. A novidade, agora, quando o assunto é Inteligência Emocional ou a Teoria das Múltiplas Inteligências (Howard Gardner/Prof. Luiz Machado), é que já está começando a aparecer material de apoio para trabalhar com estas teorias: Como aferir níveis de Quociente Emocional (QE)? Como desenvolver cada uma das inteligências (Lógico-matemática; Linguística; Musical; Espacial; Corporal-cinestésica; Pictórica; Inter e Intrapessoal)?

Você encontrará, aqui, informações recentes, questionários, textos, exercícios, vivências, dinâmicas, metáforas etc., e um universo de recursos pedagógicos divertidos e interessantes para levar para sua vida pessoal e profissional, a respeito de QE e desenvolvimento humano. Encontrará, também, algumas breves, mas efetivas, explicações neurocientíficas sobre sua funcionalidade.

As propostas deste livro são:

1. **Compilar e apresentar algumas das mais significativas e úteis pesquisas realizadas sobre esses temas**. Algumas recentes e inéditas, outras nem tanto, mas que, só agora, estão ganhando espaço na mídia por já se terem estabelecido nos meios científicos e acadêmicos.

2. **Oferecer material de apoio e estudo,** que, preferencialmente, possa servir como ferramenta de desenvolvimento pessoal e profissional.

3. **Oferecer material didático** que possa servir como ferramenta de ilustração, exemplificação de conceitos, fixação de

ideias, dinamização e emotização* em aulas, palestras, *workshops*, conferências, seminários e, até mesmo, em pequenas e breves reuniões.

Por favor, fique à vontade para participar. Sugestões, materiais e comentários são muito bem-vindos!
Envie para ines.cozzo@taiconsultoria.com.br.
Já que esse assunto é ines...gotável (risos), quem sabe você não se verá no próximo livro?
Espero poder suprir algumas necessidades técnicas, sempre de forma divertida, leve, motivadora e estimulante.

---

* *Cabe aqui explicar a palavra "emotização". Trata-se de um neologismo verbal "emotizar". "Emotizar" é um termo cunhado pelo Professor Luiz Machado, Ph.D., Cientista Fundador da Cidade do Cérebro e Mentor da Emotologia, para significar "voluntariamente provocar reações fisioquímicas e fisiológicas no cérebro pela representação mental". Portanto, "emotizar" é revestir de sentimentos aquilo que vai construir a mentalidade.*

QE & Múltiplas Inteligências: Como Isso Afeta Você...

Você tem ideia de como está sua maturidade emocional? Sabia que ter um elevado QI não é mais considerado o principal fator de sucesso nos negócios e na vida pessoal? Não custa nada checar, não é mesmo? Faremos isso com auxílio de um texto.

Trata-se de um texto seguido de uma questão que deve ser respondida tão rapidamente quanto a palavra lhe vier à cabeça. Fique tranquilo(a). Apenas você saberá o que pensou. Seja sincero(a). Ninguém mais, além de você, irá se beneficiar com essa sinceridade. Então, divirta-se...

A Estória do Imperador Kru Won

Era uma vez um imperador da China antiga chamado Kru Won, governante inteligente, porém cruel, que liderava seu povo com mão de ferro. Tinha muitas esposas guardadas por eunucos reais, ao passo que ele se divertia jogando e divertia seus súditos com jogos públicos. Infelizmente, um dos generais de maior confiança do imperador apaixonou-se por uma das esposas prediletas de Kru Won e fugiu com ela. Foram capturados e voltaram à corte de Kru Won para receberem o castigo.

Em vez de decidir cortar a cabeça do general, como era costume na época, o imperador achou interessante divertir-se e divertir sua corte, criando um novo jogo. Colocou, então, o general no meio de um imenso anfiteatro que tinha duas portas. Inclinando-se por cima de um balcão muito alto em direção ao general, o imperador disse:

> "General, o senhor deverá abrir uma daquelas duas portas. Atrás de uma delas coloquei a mais bela jovem donzela de todo o meu reino; atrás da outra, um tigre faminto, prestes a devorar o primeiro que abrir a porta. Assim, meu caro, ou você se casará ou será comido vivo. Minha esposa, aqui ao meu lado, que partilhou sua cama, está vendo, daqui de cima, onde está a donzela e onde está o tigre. Como eu sei do profundo amor que vocês dois nutrem um pelo outro, dei a ela permissão para indicar-lhe que porta você deve abrir".
>
> O general olhou para a mulher amada, e ela indicou a porta à esquerda. Ele correu e abriu-a imediatamente. A pergunta é:
>
> **Quem ele encontrou atrás da porta? A donzela ou o tigre?** Responda o mais rápido que puder...

Se você observar com atenção, verá que o texto foi cuidadosamente elaborado para não induzi-lo(a) a qualquer tipo de resposta porque não há certo ou errado nesse caso. A estória foi escrita exatamente para que sua atitude interna em relação à vida, nesse momento, surgisse naturalmente. Sua resposta apenas evidencia, conforme sua escolha, o tipo de atitude básica que você está tendo em relação à vida e às pessoas em algumas circunstâncias. Consequentemente, por meio dessa resposta, você poderá ter uma noção do seu nível atual de QE, uma vez que o *otimismo* é considerado um dos principais fatores de Inteligência Emocional.

TIGRE

As pessoas que fazem essa escolha tendem a ter uma atitude de desconfiança em relação ao mundo e às pessoas com as quais convivem. Podem acreditar, por exemplo, que, sempre que uma outra pessoa oferece ajuda, está querendo alguma coisa em troca.

De fato, a opção pelo tigre indica uma atitude reativa em relação à vida. Isto é, tem uma tendência pessimista em relação a possíveis resultados e, sem perceberem, acabam perdendo boas oportunidades de sucesso e crescimento por causa dessa atitude.

Pode parecer que nada dá certo para elas, mas, na verdade, sua atitude negativa é que é a verdadeira responsável pelos resultados insatisfatórios que vivenciam.

Segundo os cientistas entrevistados e citados por Daniel Goleman em seu livro "Inteligência Emocional", a presença de otimismo na personalidade de uma pessoa é um fator essencial para seu sucesso. Faz sentido. De que outra forma você identificaria um evento como oportunidade em vez de como ameaça?

Se sua opção foi pelo "tigre" nesse momento, pense um pouco nisso. Será que você tem explorado todas as oportunidades que têm surgido em sua vida, ou está se limitando para não enfrentar os problemas que *imagina* que vão surgir?

DONZELA

Essa opção indica a presença de uma atitude positiva em relação à vida e às pessoas.

A simples presença do otimismo na personalidade já é, por si só, segundo Daniel Goleman, um fator de equilíbrio e maturidade emocional, grandemente responsável pelo sucesso e pela felicidade das pessoas.

Atitudes proativas, positivas e otimistas aproximam as pessoas cada vez mais de seus objetivos e facilitam a conquista de metas e a realização de projetos.

Além disso, está provado que pessoas otimistas e positivas são mais felizes e realizadas, desenvolvem relacionamentos afetivos, amorosos, sociais, profissionais e familiares mais equilibrados e gratificantes.

Em suma, a opção pela "donzela" indica bom nível de maturidade e equilíbrio emocionais e, somado a outros fatores que continuarão sendo demonstrados neste livro, pode indicar alto nível de QE.

Parabéns por sua escolha!

2
Questionário para Pesquisa de Inteligência e Maturidade Emocional

Leia as seguintes dicas e depois dê suas respostas. Lembre-se de que as bases da Inteligência Emocional incluem: conhecer seus sentimentos e emoções; ser capaz de administrá-los; saber motivar a você mesmo(a); perceber sentimentos e emoções em outras pessoas e lidar com relacionamentos.

1. Você levou um grupo de crianças de 4 anos ao parque. Uma delas começa a chorar porque as outras não querem brincar com ela. O que você faz?

   a) Fica de fora — deixa as crianças cuidarem do problema sozinhas.
   b) Conversa com a criança e a ajuda a encontrar maneiras de convencer as outras a brincarem com ela.
   c) Em tom bondoso, tenta acalmá-la, dizendo que não chore.
   d) Tenta distrair a criança que está chorando, mostrando a ela outras coisas com as quais poderia brincar.

2. Imagine que você é um vendedor de seguros e que está telefonando para clientes potenciais. Quinze pessoas seguidas acabam de desligar o telefone na sua cara e você já está ficando desanimado. O que você faz?

   a) Resolve parar por hoje e esperar que amanhã você dê mais sorte.
   b) Avalia as possíveis características suas que talvez estejam prejudicando sua capacidade de completar uma venda.
   c) Experimenta uma abordagem nova no próximo telefonema e continua tentando.
   d) Pensa em mudar de emprego. Tudo indica que você não tem muito jeito para vendas.

3. Você é gerente de uma organização que procura incentivar o respeito pela diversidade étnica e racial. Você ouve alguém fazer uma piada racista. O que você faz?

   a) Ignora — afinal é só uma piada.
   b) Chama a pessoa até seu escritório para repreendê-la.
   c) Reage na hora, dizendo que piadas desse tipo são inapropriadas e não serão toleradas em sua organização.
   d) Sugere à pessoa que contou a piada que ela faça o programa de treinamento em diversidade racial.

4. Você entra em uma discussão que vai se agravando até virar briga. Os dois estão perturbados e, no calor do momento, estão fazendo críticas pessoais que não refletem seu pensamento real. Qual a melhor coisa a fazer?

   a) Uma pausa de alguns minutos e depois continuar a discussão.
   b) Simplesmente parar a briga — manter-se em silêncio, não importa o que seu par diga.
   c) Pedir desculpas e pedir que ele(a) também se desculpe.
   d) Você pára por um momento, reflete um pouco e depois afirma sua posição da maneira mais clara e exata possível.

5. Você foi indicado para chefiar uma equipe de trabalho que está tentando encontrar uma solução criativa para um problema que sempre aparece no trabalho. Qual é a primeira coisa que você faz?

   a) Redige uma pauta e reserva tempo para a discussão de cada item para garantir o melhor aproveitamento do tempo.
   b) Garante que as pessoas tirem o tempo necessário para se conhecerem melhor.
   c) Começa a pedir que cada pessoa presente ofereça ideias sobre como resolver o problema enquanto elas estão frescas.
   d) Começa com uma sessão de discussão livre, incentivando todos a dizerem o que lhes vier à cabeça, por mais louco que possa parecer.

AQUI ESTÃO AS RESPOSTAS E OS COMENTÁRIOS ÀS QUESTÕES APRESENTADAS

Na 1ª questão, a resposta mais afinada com a ideia de elevado grau de QE é a "B". Pais emocionalmente inteligentes utilizam os momentos de tristeza de seus filhos como oportunidade para serem treinadores emocionais, ajudando-os a compreenderem o que os deixou chateados, o que estão sentindo e quais as alternativas possíveis. Inclusive, a partir daí, a probabilidade de se tornarem adultos bem-sucedidos e felizes é muito maior.

Na 2ª questão, a escolha da alternativa "C" indica otimismo, que é um indício de Inteligência Emocional — como já visto com mais detalhes no exercício de "Kru Won" (Capítulo 1), por levar as pessoas a enxergarem os obstáculos como desafios que podem ensiná-las alguma coisa, bem como a persistirem, tentando novas abordagens em lugar de desistirem, culparem-se pelo que aconteceu ou ficarem desmotivadas. Além do mais, pessoas voltadas para resultados não se preocupam com "erros" e sim com atingimento de metas, isto é, não se incomodam se o que fizeram foi "certo" ou "errado" no sentido de desenvolverem culpa ou vergonha por isso. Ocupam-se, sim, em desenvolver novas estratégias, com criatividade e flexibilidade, até alcançarem seus objetivos.

Na 3ª questão, a escolha pela alternativa "C" indica o melhor QE. Segundo os especialistas, as pesquisas indicaram que a maneira mais efetiva de criar um ambiente propício à diversidade, eliminando ou minimizando problemas de racismo e preconceitos, é deixar, publicamente, claro que as normas sociais da organização não toleram esse tipo de expressão. Em lugar de tentar mudar preconceitos (tarefa muito mais difícil), é mais proativo ir na direção de impedir que as pessoas ajam movidas por eles.

Na 4ª questão, "A" é a alternativa mais adequada. Fazer uma pausa de 20 minutos ou mais livra o corpo da excitação fisiológica da raiva — que distorce suas percepções e aumenta sua probabilidade de fazer críticas destrutivas e perder a capacidade de dar *feedback* e informações claras sobre acontecimentos. Depois de esfriar a cabeça, a probabilidade de se ter um diálogo frutífero é muito maior.

Na 5ª questão, a alternativa mais apropriada é a "B". Grupos criativos trabalham melhor quando os níveis de relacionamento, harmonia e bem-estar estão mais altos — as pessoas, então, ficam livres para fazer sua melhor contribuição. O segredo do sucesso de todo trabalho em equipe é possibilitar a criação e o estabelecimento de laços efetivos entre seus membros, liberando a expressão e a participação de forma tranquila, criativa e integrada.

Fonte: Walther Hermann

3
Inteligência Emocional & Mudança

PLANETA MARAVILHA

Imagine um lugar perfeito, maravilhoso, 100% de acordo com tudo o que você mais deseja e acredita... Pense nele como sendo o lugar onde existe tudo o que seja importante, valioso, precioso e interessante para você. Nós o chamaremos de Planeta Maravilha e eu quero fazer um convite. Quero convidar você para morar no Planeta Maravilha. Não o meu Planeta Maravilha, o *seu*, que é um lugar perfeito em todos os sentidos e nos mínimos detalhes. Mas, se você aceitar meu convite, nem pense em voltar para cá, porque não poderá. Aceitando-o você só poderá viver lá, na verdade terá que viver lá daí em diante. Faça sua escolha: você aceita ir viver no Planeta Maravilha?

Experimente aplicar esse exercício em um grupo que esteja passando por um período de mudanças e você verá que 90% escolherão a resposta "não". Muitas são as razões que os levarão a essa escolha e trataremos uma de cada vez. A primeira delas é o medo da *mudança*...

Tom Morris, em seu livro "O Verdadeiro Sucesso", escreveu: "Sempre que nos lançamos em direção a algo novo, podemos contar com certa dose de ansiedade. Até mesmo certa dose de medo pode ser bastante normal. Medo do desconhecido. Medo do que nunca vivenciamos antes ou de algo com o qual ainda não estamos acostumados. Medo dos piores desenvolvimentos que nossas imaginações nos apresentam".

A ideia é investigar com o grupo: o que fez com que as pessoas não aceitassem o convite e aproveitar as respostas para iniciar um debate saudável sobre predisposição para mudanças, atitude proativa, otimismo, coragem de enfrentar novos desafios etc.

Eu tenho me deparado com os seguintes argumentos:

1. "Eu não viveria em um lugar onde não houvesse desafios e dificuldades que nos ajudam a crescer".

    "Ok – eu respondo – concordo plenamente. Entretanto, eu insisto que é o *seu* Planeta Maravilha, não o meu. Se desafios e dificuldades a serem vencidos(as) são importantes para você, eles existem lá. É a premissa do nosso pequeno exercício de imaginação. 'Tudo o que seja importante, valioso, precioso e interessante para você está lá.' De qualquer forma, aproveite para agradecer muito seus problemas por aqui mesmo porque você os deseja mais que à perfeição. Eles são os desafios que você acredita que precisa para crescer, não é mesmo? Então, se nessa empresa, do seu ponto de vista, há muitos problemas e dificuldades, parabéns! Você escolheu o lugar certo para trabalhar".

2. "Eu não conseguiria viver sem as pessoas que me são caras...".

    "Está certo. Se elas lhe são caras, já estão lá. E felizes com isso!"

3. "E se eu enjoar de lá? Não poderei mais voltar e essa falta de liberdade faz com que eu não deseje aceitar o convite".

    "Deixe-me fazer uma pergunta a você: O que poderia fazê-lo(a) enjoar de ficar lá ou de qualquer forma desejar sair de lá? Seja lá o que for, isso não existe no *seu* Planeta Maravilha, certo? E a liberdade de ir e vir existe. Eu só disse que você moraria lá e não que lá seria sua prisão eterna".

Não importa quais sejam as respostas. Se essas coisas forem importantes, então serão possíveis lá! Na verdade, não são essas as verdadeiras razões que fazem as pessoas recusarem o convite. São máscaras para o fato de que, até mesmo em um simples exercício de imaginação, a maioria das pessoas se mostra resistente a uma proposta que implique mudanças. A boa, velha e confortável tendência a permanecer na Zona de Conforto!

Acredito que o mais importante com esse exercício é mostrar que desejar manter a estabilidade, o conforto e a segurança não é um defeito nem uma fraqueza. É uma tendência natural de todos nós. Aliás, convém cuidar do tom de voz ao utilizar esse exercício. Ele não foi desenhado para gerar confronto ou conflito, mas sim para introduzir o tema "mudança" e trabalhar a Inteligência Linguística. Sobre esse aspecto trataremos na sequência...

Aproveite, agora, a possibilidade de introduzir e ilustrar os assuntos "Inteligência Emocional" e "Múltiplas Inteligências", mais especificamente a "Inteligência Linguística", não no aspecto gramatical ou ortográfico, mas sob a ótica da interpretação do texto, isto é, que sentimentos e emoções geramos nas pessoas quando nos comunicamos. "Mas" é uma das palavras utilizadas no exercício e que carrega em si, dependendo do modo como é usada, o poder de fazer com que o convite para o Planeta Maravilha seja recusado ou aceito.

Não é só a chamada "resistência às mudanças" que faz com que digamos não a novas oportunidades. Nem é verdade que resistimos às mudanças. Nós promovemos mudanças o tempo todo sem crise alguma. Resistimos a sermos mudados. É bem diferente... Mas voltemos ao Planeta e a certas formas que utilizamos para nos expressar. Estas também contribuem para um distanciamento ou aproximação dos nossos objetivos e desejos. Às vezes, por falta de compreensão ou por compreender mal o que está acontecendo. Então, vamos analisar um pouco mais de perto essa palavrinha, aparentemente inocente e inofensiva...

A PALAVRA "MAS"

Todas as vezes que uma sentença possui a palavra *"mas"*, o valor de tudo o que vem antes é negado, anulado ou diminuído!

Exemplos:
1. Ele é bom, *mas*...
2. O trabalho está bom, *mas*...
3. As vendas até cresceram, *mas*...

A palavra *"mas"* é uma conjunção adversativa, por isso opõe os fatos que ocorrem simultaneamente:

1. Ficou perfeito, **mas** você podia fazê-lo maior...

Outras palavras que equivalem ao *"mas"*:
Porém,
Contudo,
Entretanto,
Todavia,
Não obstante,
No entanto,
Embora,
Agora...,
Apesar de que etc.

Experimente substituir a palavra *"mas"* pela palavra *"e"*, que é nossa conjunção aditiva. Se quiser favorecer aceitação e concordância, use palavras que reúnam as ideias, que informem o que você quer, mantendo os sentimentos positivos gerados pela primeira parte da sentença:

1. Eu entendo o que você está dizendo e gostaria ainda de acrescentar que...
2. Eu aceito e também acho que...
3. Eu concordo e vejo ainda outra coisa.
4. Concordo com seu ponto de vista e existem outros aspectos que quero acrescentar.
5. É verdade o que você diz e é verdade também que...

Outras palavras que equivalem ao *"e"*:
Aliás,
Igualmente,
Tanto quanto,
Assim como,
Em adição,
Tão etc.

Outra forma de gerar e manter sentimentos positivos no ouvinte é inverter a posição das frases:

1. Ele poderia ter feito melhor este relatório, *mas*, de modo geral, ele é muito bom no que faz e sei que se esforçou.

2. Aqui houve uma falha *mas*, fora isso – que podemos resolver –, o trabalho está bom.

Continuando a explorar o exercício, outro aspecto interessante sobre Comunicação é o uso do "não".

Vamos fazer um teste:
- Não preste atenção agora em qualquer som à sua volta.
- Não pense em seu pé direito neste momento.
- Não desvie sua atenção para sua mão esquerda.
- Não pense em sapato.
- Não pense em paralelepípedo.
- Não pense em fone de ouvido.
- Não pense em telefone celular.
- Não pense em um golfinho *pink* saltando num mar absolutamente branco junto com baleias azuis e jacarés bem pretos.

O que acontece com você no exato instante em que lê essas frases? Observe o que acontece com outra pessoa a quem você dê esses mesmos comandos. Eles possuem a mesma estrutura da frase que usamos no exercício "Planeta Maravilha" (Não pense em voltar para cá... etc.).

Pense um pouco: Eu só posso desfazer (não fazer) aquilo que estiver fazendo, concorda? Eu só posso deixar de pensar em um sapato se estiver pensando nele. O córtex, parte do cérebro que arquiva e processa palavras, funciona assim. É uma questão simples de lógica.

Quando você diz a uma criança que está brincando com seu carrinho/boneca distraidamente na sala do apartamento da tia-avó que você foi visitar e que fica no 24º andar "não se aproxime daquela varanda!" sabe qual é o primeiro lugar para onde o olhar dela vai? Para o último lugar do apartamento que você gostaria que ela notasse. Parabéns! Você acaba de fazê-la notar.

É interessante saber que a mente processa, primeiro, os elementos concretos de uma frase: não pense em elefante; o primeiro elemento concreto da frase é "elefante"; o segundo é o ato de "pensar em" algo. A última coisa que será processada é "não". Consequentemente, cada vez que usamos um comando negativo com alguém, nós o estimulamos primeiro a ir na direção oposta àquela que queremos, para que, depois de algum tempo, ele faça uma correção de rota. Isso é o que chamamos de linguagem ou comunicação reativa.

Seu oposto é a linguagem (ou comunicação) proativa. Esta vai induzir o pensamento e a ação na direção desejada desde o princípio, inclusive com um ganho útil de tempo entre o estímulo dado e a resposta recebida.

Por isso, em termos de Inteligência Linguística sugerimos:

Em vez de *"não pegue este lápis"*, afirme *"deixe esse lápis aí"*.

Em vez de *"não posso dormir agora"*, *"não se distraia"*, afirme *"quero ficar acordado"*, *"fique atento"*.

Em vez de *"não posso errar"*, afirme *"vou fazer isso certo"*.

Em vez de *"não posso esquecer"*, *"não esqueça"*, afirme *"vou me lembrar"*, *"lembre-se de..."*.

Em vez de dizer o que você *não quer*, diga o que você *quer*.

No Brasil, as pessoas dizem: "Não malhe em ferro frio". Nos EUA, o ditado é: "Malhe enquanto o ferro estiver quente".

Esta é a diferença entre ser *reativo* ou ser *proativo*.

- O reativo foge do que não quer.
- O proativo busca o que quer.

É mais ou menos como duas pessoa que fogem de um touro. Qual delas você acredita que terá mais chances de escapar: a que coloca 100% de sua atenção, força e recursos em encontrar um local seguro enquanto corre olhando para a frente ou a que fica olhando para trás para ver quanto falta para o touro alcançá-la. Aliás, ela estará certa sobre essa premissa. Será só uma questão de tempo...

De toda forma, palavras são gatilhos que disparam experiências dentro das pessoas.

Que tipo de experiências e reações você tem provocado nas pessoas? E em você mesmo?

Que tipo de experiências e resultados você busca? Aliás, você busca?

Isso sem falar da postura autoritária que costuma acompanhar os *"nãos"* que as pessoas dizem umas às outras. Palavras da linguagem autoritária são o próximo aspecto da Inteligência Linguística de que trataremos.

De fato, vamos abordar dois conjuntos de palavras sob a ótica da *motivação* e como elas contribuem proativa ou reativamente gerando resultados satisfatórios ou não na árdua tarefa de motivar pessoas.

Lembra-se de quando você era criança e ouvia frases como:

"Não. Agora você não pode mais brincar. Tem que ir dormir."

"É claro que é obrigado a ir pra escola! Vai se arrumar!"

"Precisa sim senhor(a). Vai tomar seu banho e se arrumar para a festa."

"Lógico que precisa escovar os dentes!"

Ou, mesmo já adulto, quando escuta frases como:

"Está bem, pode ficar mais um pouco vendo TV."

"Tenho uma boa notícia para você: a gente vai poder fazer aquele passeio."

"Surgiu uma oportunidade para aquele curso. Você quer?"

"Vai ser legal ir, mesmo por pouco tempo."

Pode parecer que o segundo conjunto de frases é mais motivador do que o primeiro por causa das ações (ver TV, passear, aprender etc.), mas, para que não corrêssemos esse risco, é que incluí no primeiro grupo de frases ações como dormir, ir a festas, aprender (ir à escola) e até cuidar mais de você mesmo(a)!

Queremos que você perceba que não é a ação em si que motiva ou desmotiva uma pessoa, mas sim a representação interna que se cria durante a construção da frase.

O que acontece é que a semântica nos ajuda a descobrir com que grau de motivação uma tarefa será executada. É simples, nós temos um grau de energia e abertura muito maior para tudo o que fazemos por oportunidade/possibilidade e menor para tudo que fazemos por necessidade/obrigação.

Em resumo, isso equivale a dizer que, em termos de Motiv-Ação, as pessoas fazem coisas, na maioria das vezes, por uma de duas razões: necessidade ou possibilidade.

Chamamos de palavras da linguagem autoritária ou totalitária as palavras, dentre outras, como:

- Precisa.
- Tem que.
- Obrigatório.
- Forçoso.
- Necessário.

Estas palavras desestimulam o desejo de fazer o que estamos propondo, na verdade ordenando. E esse é todo o problema.

Por sua vez, chamamos de palavras da linguagem da oportunidade, palavras, dentre outras, como:

- Possível.
- Interessante.
- Bacana.
- Legal.
- Viável.
- Útil.
- Oportuno.
- Conveniente.

Estas palavras favorecem a motivação e estimulam o desejo.

Ou diga, simplesmente, o que espera que seja feito/aconteça sem qualquer operador modal — palavra que determina o *modus operandi*.

Por exemplo:

- Por favor, veja isso pra mim o mais rápido que puder. Obrigado.
- Esse é o relatório solicitado e a data negociada com a diretoria para a entrega foi 30 de janeiro próximo. Vamos acelerar, ok?

Outro aspecto a ser considerado é a importância de distinguir frustração de limites.

A palavra "só" é uma das utilizadas no exercício e que carrega em si, dependendo do modo como é empregada, o poder de fazer com que o convite para o Planeta Maravilha seja recusado ou aceito.

Sempre que uma frase contém a palavra "só", ela transmite ideias restritivas, limitadoras e, consequentemente, cria frustrações no ouvinte.

Veja os exemplos:

— Você só pode retirar um talão de cheques.
— Só você vai trabalhar nisso?
— Você só pode sair de férias depois que o seu substituto voltar.
— Só posso falar com você amanhã.

Quando você não quiser gerar esse tipo de sentimento na pessoa com a qual estiver falando, construa frases excluindo a palavra "só".

Por exemplo:

— Você pode retirar um talão de cheques.
— Mais alguém vai trabalhar nisso?
— Você pode sair de férias assim que seu substituto retornar.
— Eu posso falar com você amanhã. Como está sua agenda? (se quiser utilizar um suavizador)

Em suma, demonstre, com dados concretos, o que o ouvinte *pode* obter, **sem direcionar a atenção dele para o fato de ser uma opção limitada.**

Como já expus anteriormente, a questão não é excluir palavras do seu vocabulário, mas, sim, focalizar sua atenção para os sentimentos e as emoções que elas causam e analisar qual a melhor forma de estruturar uma frase *antes* de dizê-la. Extraia de sua comunicação o máximo que ela possa lhe oferecer. É sempre bom se desculpar ou reverter uma situação desagradável ou desmotivadora, mas pouco adianta passar a vida tapando buracos e correndo atrás do malfeito. O ideal é preveni-lo.

Analise cada par de frases e julgue aquelas que causam uma sensação melhor em você:

- "Fica tudo por nossa conta. Só que a peça você vai ter que pagar!"
- "Fica tudo por nossa conta e você só pagará a peça!"

- "Esta é a melhor versão do sistema. Só que você terá que testá-la segundo os parâmetros de sua empresa para ver se lhe convém."
- "Esta é a melhor versão do sistema. Agora é só você checar com seus parâmetros e ver o que melhor lhe convém."

4

ABC Emocional e Jogo do 123

Este é um jogo divertido e interessante para ser tranquilamente utilizado como aquecedor e vitalizador de várias maneiras e que vi pela primeira vez com meu amigo-irmão Eduardo Carmello, consultor e diretor da Entheusiasmos, especialista em programas de Qualidade de Vida e Resiliência.

É uma combinação extremamente útil, quando devidamente adaptado, para falar de produtividade, entre outras coisas que exploraremos no decorrer deste capítulo.

Trata-se, também, de um eficientíssimo exercício de inteligência intra e interpessoal, que ainda serve, especialmente, para aberturas de cursos e seminários de forma leve e dinâmica.

Fiz algumas adaptações para explorar ainda mais os aspectos de Neuropsicologia e Neuroaprendizagem contidos na combinação do exercício estruturado (ABC emocional) e do jogo (123).

É importante realçar alguns aspectos sobre a definição de Jogo, já que a utilizarei muito no decorrer do capítulo e do livro.

A seguir, uma definição clássica, retirada do "Dicionário Básico de Filosofia", de Hilton Japiassú e Danilo Marcondes:

> *Jogo (lat. jocus: brincadeira)*. Em seu sentido geral, o jogo é uma atividade física ou mental que, não possuindo um objetivo imediatamente útil ou definido, encontra sua razão de ser no prazer mesmo que proporciona. Esta atividade, começando na criança ou no pequeno animal*

---

* Gurps, 1991: III; Mini-Gurps, 1999: 3.

como gasto de energia, tendo valor de treinamento ou de aprendizagem, muda de natureza com o desenvolvimento do subjetivo humano: jogos de imitação, nos quais a criança projeta seus desejos (bonecas, carrinhos etc.); jogos com regras ou socializados, nos quais o prazer se vincula ao respeito às regras, às dificuldades de vencer uma competição (Japiassú, Marcondes, 1996:150).

Vemos que, nessa definição, se trocarmos o termo "competição" pelo termo "desafio", podemos entender o jogo, em Neuroaprendizagem, como um jogo com regras e socializado, isto é, comum a todos que estejam em busca de um objetivo de superação. Ainda na mesma definição, cabe informar que não apenas a criança projeta seus desejos e personalidade nos comportamentos emitidos durante o jogo, o adulto também o faz.

Neurocientificamente, já é conhecido da grande maioria do público que trabalha com comportamento humano o conceito de cérebro triúnico ou triádico: cérebro arcaico (troncoencefálico); cérebro antigo (sistema límbico-hipotalâmico) e cérebro moderno (sistema tálamo-cortical e neocórtex), e o fato de que o límbico não faz distinção entre realidade e imaginação ou memória (que é também um tipo de imaginação, já que está sempre no passado, um tempo que não existe de fato). Ele responde, igualmente, a qualquer estímulo recebido. Real ou irreal. Nossas experiências com sonhos, filmes, livros, pensamentos, memórias e jogos atestam essa condição do nosso sistema nervoso central. Nesse sentido, o jogo não é um "faz-de-conta".

Cada competência exigida para vencer os desafios será, *efetivamente*, treinada/desenvolvida na vida real do jogador, caso o jogo se repita o suficiente para treinar tais competências. Em caso de jogos para desenvolver a consciência, uma vez acessada, como já disse Einstein, não terá retorno.

Eu posso até continuar jogando lixo na rua depois de estar consciente, a partir de um jogo ecológico, sobre os perigos que esse comportamento representa para a sustentabilidade do planeta e da sociedade em que vivo. Afinal, é um hábito, mas nunca mais farei isso sem ter consciência de que sou responsável pelas consequências (enchentes, por exemplo).

Um estudo detalhado do jogo e suas relações com a cultura e a linguagem foi feito pelo filósofo holandês Johan Huizinga* no livro "Homo Ludens". Essa noção poderá ser definida da seguinte forma: "*jogo é uma atividade ou ocupação **voluntária**, exercida dentro de certos e **determinados limites de tempo e de espaço**, segundo **regras livremente consentidas, mas absolutamente obrigatórias**, dotado de um fim em si mesmo, acompanhado de um sentimento de tensão e de alegria e de uma consciência de ser diferente da vida cotidiana*" (Huizinga, 1938; 2001:33).

Huizinga enfatiza o faz-de-conta, a capacidade de enlevo do jogo, de arrebatar o jogador sem que ele deixe de perceber que "é apenas um jogo", o que faz com que os jogadores tenham mais indulgência com os que tentam "roubar no jogo" do que com os desmancha-prazeres. "O desmancha-prazeres destrói o mundo mágico, portanto é um covarde e precisa ser expulso" (Huizinga, 1938; 2001:15).

Ele enfatiza que uma característica fundamental do jogo é ser divertido, do inglês *fun*. Utilizamos, em Neuroaprendizagem, essa percepção a favor do envolvimento do participante no treinamento.

Para a Neuroaprendizagem, entretanto, editaremos duas coisas na definição de Huizinga. A ideia de uma "consciência de ser diferente da vida" e a de exclusão do "desmancha-prazeres" ou de quem quer que seja o rotulado da vez.

Utilizaremos o jogo para educar e conscientizar, não para excluir. Isso a sociedade já sabe fazer sozinha e o faz sistematicamente. Nosso papel será o de trazer à consciência aspectos que estavam adormecidos e ajudar as pessoas a colocá-los em prática no seu cotidiano.

Como diz João Batista Freire: "Se o conhecimento prático do espaço do jogo chegar à consciência, ele não pertencerá mais apenas ao jogo, mas à realidade cotidiana".

---

* Johan Huizinga (1872-1945). Professor e historiador holandês, conhecido por seus trabalhos sobre a Baixa Idade Média, a Reforma e o Renascimento. O regime nazista o manteve preso de 1942 até sua morte. Para ele, a ideia de jogo é central para a civilização. Em seu "Homo Ludens", de 1938, Huizinga afirma que todas as atividades humanas, incluindo filosofia, guerra, arte, leis e linguagem, podem ser vistas como o resultado de um jogo, ou, para usarmos a terminologia técnica, *sub specie ludi* (a título de brincadeira).

Sempre que falarmos em jogo, portanto, assumiremos uma mescla da definição de Huizinga e de Japiassú & Marcondes, com as ressalvas comentadas.

CONFIGURAÇÃO

Primeiro, peça aos participantes que preencham o formulário a seguir ou, simplesmente, escrevam em uma folha as palavras: energia, atenção, concentração e querer.

Peça-lhes, então, que façam um exercício de inteligência intrapessoal, dando uma nota individual de 0 a 10 para cada um deles nesse exato momento – marque a hora em que você pede isso. Seja honesto nas respostas e saiba que ninguém verá essas notas.

Agora são: ___ horas e ___ minutos de um(a):

☐ Segunda-feira.
☐ Terça-feira.
☐ Quarta-feira.
☐ Quinta-feira.
☐ Sexta-feira.
☐ Sábado.
☐ Domingo.

Agora, com o máximo de honestidade e considerando este exato dia da semana e hora, faça um círculo em volta do número que melhor corresponda à nota que você daria para o seu grau de:

Energia [acordado(a) ou sonolento(a)]
0   1   2   3   4   5   6   7   8   9   10

Atenção e concentração
0   1   2   3   4   5   6   7   8   9   10

Abertura de coração (desejo de estar aqui e agora)
0   1   2   3   4   5   6   7   8   9   10

Abertura de mente
   (disponibilidade e interesse para receber informações)
0   1   2   3   4   5   6   7   8   9   10

As pessoas costumam me perguntar se é uma nota para cada ou se pode ser uma nota geral para todos.

Explico que estar com 10 em energia (bem acordado), por exemplo, não significa querer estar aqui agora (nota 4 ou outra qualquer abaixo de 5). Mas, se realmente todos os elementos (indicadores) estiverem no mesmo nível, segundo sua percepção, claro que pode ser a mesma nota.

Haja o que houver com as notas, elas provavelmente serão revistas após o jogo do "123". Aliás, sempre são. Logo mais veremos por quê. Saiba, desde já, que isso é um forte indicativo da falta de conhecimento e, pior, de experiência com a Inteligência Emocional. Teoria e prática!

Agora, proponha o jogo do "123" descrito a seguir:

1ª RODADA

Escolham um parceiro e façam com que ele fique de frente para você. Um dos dois iniciará dizendo, em voz alta, o número 1; o outro, na sequência, dirá o número 2; e o primeiro dirá, na sua vez, o número 3. E assim consecutivamente, intercalados e em voz alta. Estas são as primeiras regras do jogo.

Sempre que um dos dois parceiros titubear, adiantar-se, atrasar ou falar ao mesmo tempo que o parceiro da vez, o que quebrou a fluência pára, expira, sacode um pouco os ombros, dá uma chacoalhada em si mesmo e retoma a partir do número 1.

O objetivo do jogo é fazer fluir cada vez mais e melhor a "comunicação" simbolizada pela citação dos números.

Digamos que esse seja o serviço que nossa empresa presta ao mercado: dizer números de um a três, em voz alta, sequencial, consecutiva e intercaladamente.

Dispare o cronômetro com uma música, de preferência um *reggae* animado (eu utilizo "Rootsie bootsie" do Papa Winnie, do álbum "You are my sunshine"), para marcar 30 segundos e observe (isso é de suma importância para o *debriefing* do exercício) quantas vezes cada dupla parará para chacoalhar porque cometeu algum "erro". Você não precisa saber o número exato de vezes. Precisa, apenas, constatar que cada dupla errará pelo menos uma vez – será muito mais, durante todo o jogo. Você vai precisar dessa constatação e será ainda melhor se as duplas perceberem que você viu. Acredite em mim!

2ª RODADA

Nessa rodada, cada vez que um dos dois, a seu tempo, disser o número 1, baterá uma palma. (Você poderá utilizar esse jogo quantas vezes quiser, bastando, para isso, substituir cada movimento que acompanha os números.) Dispare o tempo e libere-os para continuar jogando. Você fará isso a cada rodada, depois de demonstrá-la.

3ª RODADA

Mantendo a palma no número 1, toque o joelho esquerdo com a palma da mão direita quando disser o número 2.

Só para você: movimentos cruzados desenvolvem os dois hemisférios e isso é ganho. Cuide de colocar apenas em um dos números essa opção porque queremos que o jogo pareça ridiculamente fácil. Você verá, ao final, por que e para que.

4ª RODADA

Mantendo a palma no número 1 e o movimento cruzado no número 2, tombe a cabeça para a direita quando disser o número 3.

Dê, aproximadamente, 30 segundos para as duplas em cada rodada. Elas se divertirão a ponto de quebrar aquele gelo inicial. Então, oriente-as para que dialoguem por mais alguns segundos, buscando a melhor forma de retomar para conseguir mais e melhores resultados.

Sua demanda será para que joguem mais (produtividade) e melhor (qualidade).

Imediatamente ao término do jogo, peça-lhes que revejam suas notas no ABC e escrevam as que mudaram depois do jogo do "123".

DEBRIEFING

Pergunte aos participantes para que nota – qualquer nota – mudou depois do jogo. Eu costumo marcar a diferença de tempo entre a primeira avaliação (antes do jogo) e esta segunda. Costuma ser de, em média, 10 minutos e, no máximo, 20 minutos. Minha intenção é mostrar que podemos obter mudanças (para melhor) em muito menos tempo do que pensamos e que a crença geral de que mudar demora, do ponto de vista da Neurociência, é apenas isso: uma crença, um mito.

Na primeira constatação de que para todos ou, ao menos para a maioria, alguma nota mudou, informo que esse é nosso papel. O meu é estar ali para ajudá-los a promover alguma mudança. Caso eles não percebam isso acontecendo no decorrer do programa, me avisem para que eu possa rever minha rota. A deles, se atuam como líderes em quaisquer níveis hierárquicos, não é diferente da minha. A organização espera que eles façam alguma intervenção capaz de mudar as coisas de um estado (geralmente indesejado) para outro (geralmente desejado). Mesmo os que não atuam como líderes estão em situação semelhante. Eles foram admitidos na empresa, no setor, no projeto, ou onde quer que seja, para fazerem uma diferença. De preferência que seja para melhor! É isso que veremos a seguir.

Peço que levantem as mãos aqueles para quem as notas aumentaram depois do jogo, mas registro, explicitamente, as exceções, se houver, para trabalhar com elas na sequência.

Primeiro, comento que tudo é comportamento! Nenhum ser humano pode fazer mais do que fiz, isto é, aumentar suas notas, leia-se, claro, aumentar sua energia, sua atenção/concentração ou sua vontade de fazer algo. Pode, apenas, oferecer oportunidades e condições para que **eles mesmos o façam**. Explico que é realmente impossível mensurar comportamento por mais que isso seja imprescindível para provarem que fazem diferença em suas empresas e no negócio.

Comportamento é intangível, abstrato e, o pior, subjetivo. Quantos gramas a mais de energia eles têm agora do que tinham na primeira "medição"? Quantos litros de atenção? Quantos centímetros ou metros de concentração? Impossível!

Mas podemos mensurar os **efeitos** (conseguimos ou não fazer tudo) ou os **resultados** (quantidade de erros) do comportamento. No caso dos indicadores escolhidos, também a quantidade disponível dos recursos necessários para um bom desempenho das funções exigidas pelo jogo.

Explico que faremos o mesmo durante todo o encontro. Desenvolveremos atividades que explicitarão como estão disponibilizados os recursos; os estados psicológicos, emocionais, neurológicos e fisiológicos para determinados propósitos que serão sempre aqueles demandados pelo cliente na hora da compra da consultoria, da palestra, do *workshop*, do treinamento, do desenvolvimento etc.

Observo que a(s) nota(s) aumenta(m) porque **eles** próprios colocam mais atenção, concentração, energia e qualidade da presença do aqui e agora (querer) no jogo. **Eu não** posso fazer isso por eles.

Nem líderes, nem consultores, nem terapeutas mudam ninguém. Apenas podem oferecer possibilidades de que alguém mude. Mas isso já é conhecimento antigo. Está registrado aqui só para lembrar...

Algumas vezes, pessoas me dizem que uma ou mais de suas notas estão agora mais baixas e não mais altas. Digo que isso é excelente. Não as notas baixarem, claro. Mas a consciência de que, às vezes, acreditamos que estamos "com a bola toda", como se diz, e, no final do dia, não produzimos quase nada ou, pior, cometemos erros crassos mesmo naquilo que já fazemos com o "pé nas costas". Mas falarei mais sobre isso quando abordar o conceito de QI x QE ou inteligência cortical (racional/intelectual) x emocional.

É importante que nos permitamos sempre checar como estão nossos recursos internos e estados psicológicos, neurológicos e emocionais, particularmente antes de começar um trabalho que nos exige muito.

Algumas vezes, ouvir a opinião alheia sobre como estamos sendo percebidos também ajuda. Uns dirão: "Você parece cansado" ou "Você veio hoje?" Preste atenção a pequenos sinais do tipo: "Ué... eu já não tinha feito isso?" ou "Onde, cargas d'água, coloquei aquele documento?".

Dê uma respirada, um ou dois giros de ombros, uma chacoalhada geral, tome um café ou uma água. Descanse um minuto ou dois. Depois, retome. Você se agradecerá pelos erros terríveis que não vai cometer!

Agora, preciso trabalhar com as exceções. Os que acreditam que a nota estava 10 em tudo e, depois do jogo, continuou 10 em tudo.

Lembram-se de que pedi para observar se houve pelo menos um erro na dupla? Pois é, é agora que precisaremos dessa informação.

Concordamos que, se houve erros, a nota em atenção, concentração ou energia não pode ser 10? Creio que sim. Em "querer" pode. No resto não pode, porque, se estivesse mesmo 100% (nota 10) à nossa disposição, não teríamos errado nada em momento algum.

"Ah, mas foi meu par que errou, não eu. **Eu** estava 10 e continuei 10", argumentarão os mais resistentes em assumir tranquilamente que seres humanos são cíclicos com seus recursos (o nome disso é cronobiologia e veremos um pouco mais à frente). Penso que o resultado de uma relação tem que ser avaliado pelo desempenho dos dois, isto é, se considerarmos o "quebra-cabeça" da Figura 4.1, resumindo o conceito de Inteligência Emocional, veremos que faz parte dela saber reconhecer estados psicológico e emocional no outro e manejar as relações a partir disso. Se meu par continuou errando e eu não, será que percebi que ele precisava de menor velocidade e diminuí a minha para que ele me acompanhasse até chegar ao meu estado de excelência? Bem, talvez eu tenha feito tudo isso afinal e minha nota era e continua mesmo sendo 10! É possível. Deixemos assim até o próximo jogo.

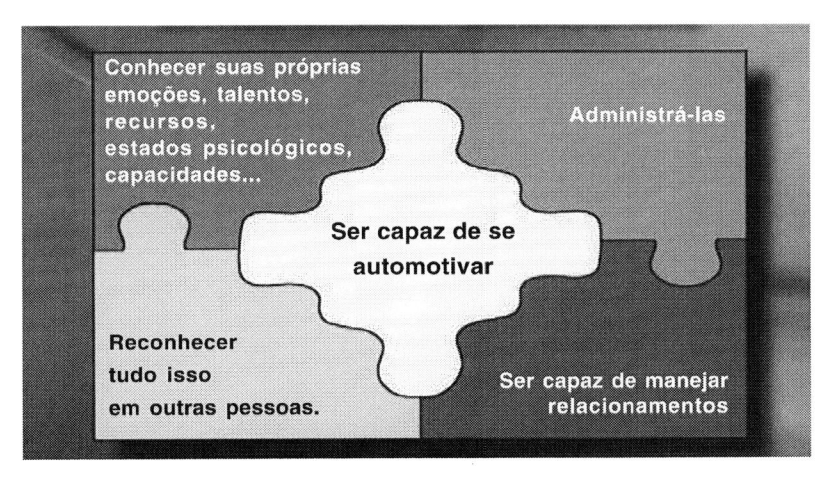

Fonte: "Inteligência Emocional: A teoria revolucionária que define o que é ser inteligente". By Daniel Goleman.

Figura 4.1 – *Às três primeiras peças do quebra-cabeça chamamos Inteligência Intrapessoal. Às duas últimas, Inteligência Interpessoal.*

Uma curiosidade: cores e formas estimulam a inteligência (conexões neurais novas), por isso meus *slides* são sempre muito coloridos e privilegio as imagens metafóricas e que favoreçam a assimilação da ideia geral contida nele.

Agora, minha parte favorita do *debriefing*. Pergunto aos participantes: "Quem, em termos de duplas, cometeu, pelo menos, um erro durante o jogo, por favor, levante a mão". Você verá 99,99% de mãos levantadas. De fato, depois do *debriefing* anterior, deverá ver 100% de mãos levantadas porque a pergunta se refere à produção da dupla e não do indivíduo.

Registro isso em um gráfico de pizza: 100% do meu time (inclusive eu) erraram em algum momento. Então, pergunto: "Quem aprendeu hoje a dizer números de 1 a 3? Bater uma palma? Tocar o joelho? Tombar a cabeça? *Ninguém!*" Ou seja, 100% do meu time tinham 100% de QI (informação e conhecimento) para realizar a tarefa solicitada! Mesmo assim, 100% erraram! O que isso significa?

Observe o gráfico da Figura 4.2. Não é nosso QI que define nosso sucesso. É nosso QE porque nossa energia, ou atenção, ou concentração, ou vontade, ou tudo isso estava indisponível em sua totalidade; erramos durante o jogo, algumas vezes! Não importou em nada o fato indiscutível de que tudo que pedi era nível *basic baby*, importou?

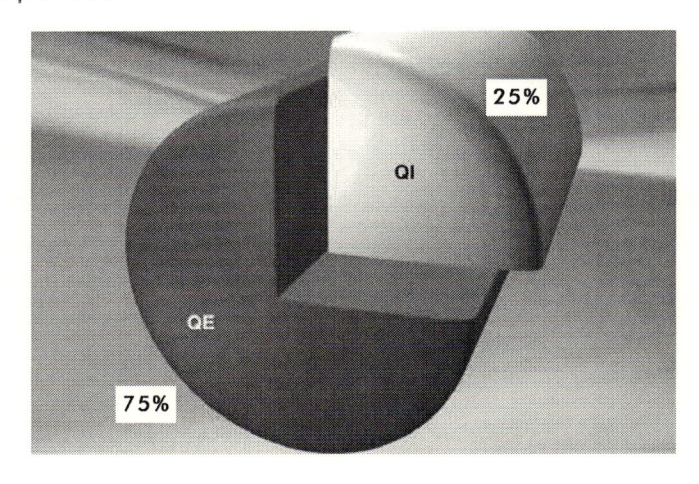

Figura 4.2 – O QI responde por apenas 20 a 25% de nossos acertos (sucesso). É o QE o maior responsável por esse sucesso.

Setenta e cinco a 80% de nosso sucesso em qualquer coisa que façamos dependem de nosso QE, não de nosso QI. Somos admitidos por nosso QI (currículo), mas somos mantidos, promovidos ou excluídos/demitidos por nosso QE (motivação, interesse, energia, envolvimento, comprometimento...).

Por isso minha estratégia de "Jogo" durante todo o trabalho é: Jogar; Analisar os resultados; Acordar a consciência sobre o que isso significa; Decidir como utilizar a consciência adquirida no dia-a-dia. Isto já foi conceituado por Fela Moscovich (Figura 4.3).

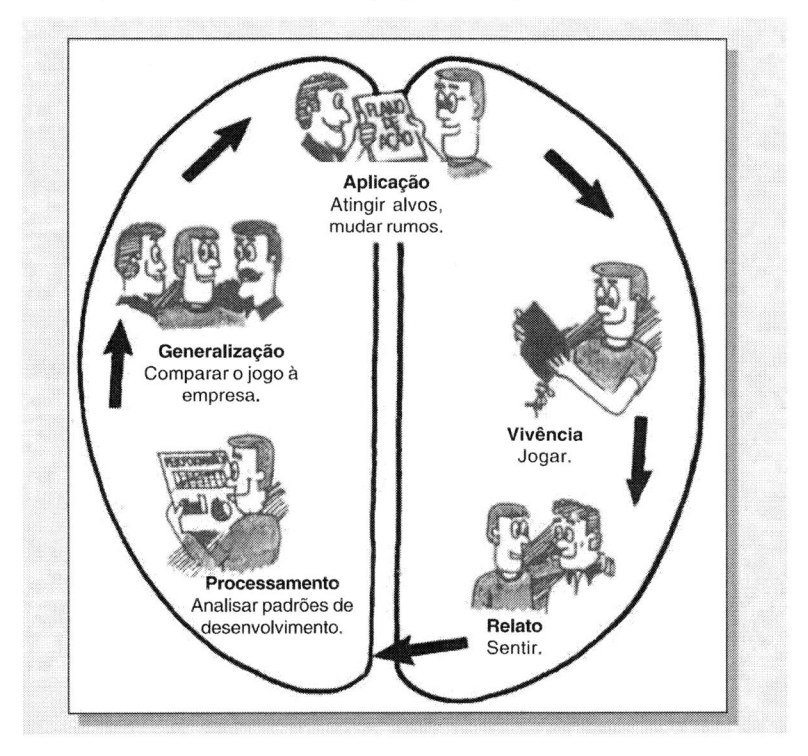

Fonte: Teoria de Fela Moscovich. Sistematização: Maria Rita Gramigna — Jogos de Empresa

Figura 4.3 — Mostra o processo pelo qual temos que fazer o grupo passar se quisermos ajudá-los a crescer, adquirir consciência, mudar seu comportamento. Com a Neuroaprendizagem, há "n" formas de fazer isso.

Eu pergunto aos participantes: "O que vocês combinaram fazer para jogar melhor?" e os escuto. Todas as táticas que eles utilizaram são reflexos de suas práticas no cotidiano.

Sempre aparecerá: "Nós combinamos prestar mais atenção".

Perfeito! Ninguém mais pode aumentar ou diminuir seu volume de atenção/concentração. Eu pergunto por que dizemos que algo ou alguém nos tirou a concentração, mas jamais dizemos que nos "colocou"? Porque isso seria impossível. Ninguém é capaz de entrar em nosso sistema nervoso e colocar algum recurso ali. Primeiro porque todos os nossos recursos já estão lá. Segundo porque temos mecanismos de defesa que impedem a entrada de *hackers*. Também não dizemos que nos colocaram porque ter atenção e concentração é uma qualidade e, sendo assim, quero o mérito por isso.

Então, por que dizemos que nos tiram? Porque "não ter", como se isso fosse possível, é um demérito. Melhor encontrar culpados rapidinho! Não passa de um mecanismo de defesa para não termos que assumir que **nós** tiramos nossa atenção de onde ela estava e a colocamos no novo estímulo (a TV, a música, o outro etc.).

Não existe não ter. Existe estar com o "volume" do recurso alto ou baixo (nota de 0 a 10) ou, pior, ligado ou desligado. Só eu tenho acesso a esse botão. Ninguém mais. É extremamente prejudicial às relações (inteligência interpessoal) acusar alguém de nos fazer errar. É injusto (porque é impossível) e o outro tenderá a afastar-se por perceber intuitivamente ou mesmo de forma consciente essa injustiça. "A pessoa está se fazendo de vítima." É isso que o outro "lerá" em mim. Mais justo seria dizer: "Por favor, você pode aguardar uns minutos? Preciso da minha máxima concentração aqui". Ou "Por favor, você poderia desligar/abaixar a TV/música/voz? **Estou me** desconcentrando sistematicamente."

Outra tática que os participantes descrevem é geralmente descrita como: "Nós treinamos um pouco mais devagar e depois aceleramos".

Adoro quando isso acontece por duas razões:

1. Eles acabam de validar nosso trabalho com treinamento!
2. Irei validar, na sequência de uma pergunta, uma das máximas do meu trabalho e da Neuroaprendizagem por meio de um pensamento zen-budista.

Primeiro, informarei que o cérebro humano aprende por ensaio, repetição e velocidade, ou seja, por ensaio e erro. Daí, perguntarei se isso era alguma novidade para eles. Eles me dirão que não.

Todo mundo sabe disso. Ótimo, responderei, por que, nesse caso, ninguém aqui jamais se irritou ou perdeu a paciência com alguém que estava demorando para aprender algo certo? Eles riem. Eu também. Todos nós já ficamos impacientes com alguém que nos parecesse particularmente lento.

A questão principal aqui é que temos a informação (conjunto de dados); temos até o conhecimento (significância) do conceito de aprendizagem, mas não, decididamente, enquanto nos comportarmos assim, **ainda não SABEMOS o conceito!**

Para a Neuroaprendizagem, conceitos que a maioria das pessoas usa como sinônimos são, na verdade, muito diferentes: Informação, Conhecimento e Saber. Veja a Tabela 4.1.

Tabela 4.1 — Informação, Conhecimento e Saber.

	O que é	Como acessamos
Informação	Conjunto de dados; fatos ainda desconexos	Palestras, revistas, livros, jornais, Internet, TV, rádio etc. Qualquer mídia lida, ouvida ou vista
Conhecimento	Conexões, correlações, associações, *links*, representações, simbolismos. Formas de fazer (mas ainda não é o fazer)	Pelo *insight*. Quando dizemos que "caiu a ficha" estamos acessando o conhecimento
Saber	Prática, ação, execução, realização, fazer	Somente pela vivência

Em termos de Neuroaprendizagem, "saber e não fazer ainda é não saber". Saber tem sua etimologia no latim "sapere" que quer dizer: sabor, saboroso. É a sabedoria que o corpo tem. Para ser considerado "saber", tem que ter passado pelo corpo, isto é, pelo agir. Não apenas uma, mas muitas vezes, até termos, realmente, maestria naquilo que praticamos. Por isso, enquanto nós, como "ensinadores", nos irritarmos ou acreditarmos que alguém é burro porque a maioria já entendeu e uns poucos ainda não; enquanto nos comportarmos como se fosse deles a responsabilidade por entender; enquanto emitirmos sinais de que estamos impacientes com a "lerdeza" do aprendiz, **ainda não saberemos que o cérebro humano aprende por ensaio e erro**. Ainda não **saberemos** que existem tantos estilos de aprendizagem quantos humanos existirem no planeta.

Sabiam disso? Não existem três tipos de aprendizagem ou dez, ou mesmo 100!

Principalmente, não existe aprendizagem visual, auditiva e cinestésica como se houvesse pessoas visuais, pessoas auditivas e pessoas cinestésicas! Visual, auditivo e cinestésico são nossos canais perceptuais e *todos* nós os temos e utilizamos (sim, os cegos também produzem imagens internas!). Quando estaremos com um deles mais disponível do que outros dependerá do que está chegando como estilo em nosso sistema nervoso ou de como estão nossos ciclos circadianos, infradianos e ultradianos que serão explicados mais à frente.

A verdade, segundo as mais modernas descobertas da ciência que estuda o cérebro e o sistema nervoso central, é que não existem duas pessoas que aprendam da mesma forma! Haja flexibilidade, criatividade, capacidade de adaptação e... Paz-ciência!

Resumo dos Objetivos Propostos no Jogo

1) Aquecer os integrantes de um grupo de forma descontraída, mantendo um confortável distanciamento que pessoas que não se conhecem costumam preferir.

2) Favorecer o início de um trabalho, quase sempre constrangedor, mas com a aproximação necessária para que haja qualidade na interação, aliás para que se inicie uma interação antes de qualquer coisa.

3) Treinar a agilidade física e mental (reflexo) tão conveniente para profissionais atuando em tempos "de" e "como" agentes de mudança.

4) Pelo princípio da Neuropsicologia sistematizada pela Neurolinguística, ativar e alinhar os três canais (visual, auditivo e cinestésico) pelos quais as pessoas captam,

aprendem, se comunicam e compreendem o mundo à sua volta. Todas as pessoas usando todos os três canais!

5) Treinar e desenvolver a capacidade de atenção, concentração e observação.

6) Trata-se de um jogo cooperativo, em que não deve haver um ganhador e um perdedor. Pode, portanto, ser utilizado para demonstrar a importância de se estabelecer um ritmo comum para que o trabalho possa fluir.

7) Funciona, também, como gerenciador de estresse, fazendo com que as pessoas se divirtam, usem a imaginação e a criatividade (sobretudo, na hora de conversar sobre como e o que fazer para melhorar a fluência no exercício).

8) Em outro contexto, por exemplo, no meio de um treinamento expositivo-teórico, o exercício pode ser utilizado como vitalizador ou ativador após aquele período de 15 minutos no qual o participante tende a dispersar (ciclos ultradianos) para trazer de volta sua capacidade de atenção concentrada.

9) Quando são incluídos 30 segundos para que os participantes conversem sobre como poderiam fazer para melhorar seus resultados, isso potencializa a integração e a excelência nas relações humanas.

Boa sorte, bom divertimento e sucesso!

5

Cronobiologia

CICLOS CIRCADIANOS

Definição: Períodos do dia em que o corpo está produzindo hormônios e substâncias químicas para o descanso ou para a atividade física/mental (Figura 5.1).

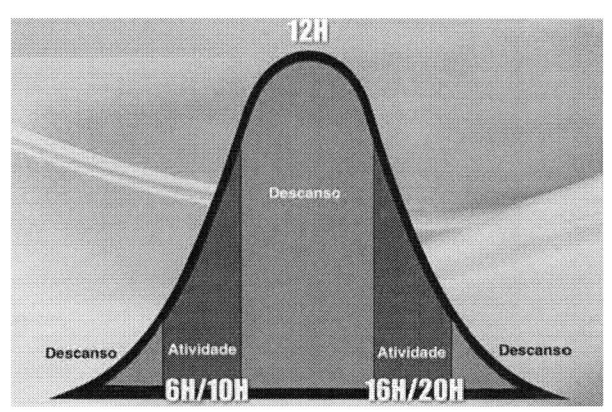

Fonte: www.taiconsultoria.com.br

Figura 5.1 – O gráfico mostra o ciclo clássico de períodos de atividade/descanso do organismo em função da produção hormonal e neuroquímica.

As faixas escuras indicam os períodos em que o organismo da maioria das pessoas está produzindo hormônios e substâncias químicas para a ação (física e mental). As claras, para o descanso.

Não é que não sejamos capazes de fazer algo nos períodos representados pelas faixas claras, mas precisamos do dobro do esforço para produzir muito menos.

O fenômeno da Internet está mudando esse quadro mundialmente, segundo as pesquisas da Universidade de São Paulo (USP). As pessoas estão ficando cada vez mais acordadas até tarde e o uso de computador/Internet/*games* está acelerando o raciocínio e "tirando o sono". Já é significativo o número de pessoas que eram diurnas/matutinas ou vespertinas e agora se percebem notívagas.

De qualquer forma, quando aplicamos o ABC e o jogo do "123", por exemplo, logo após o almoço, percebemos como o nível de energia (acordado/sonolento) cai. Esse é o chamado Período Pós-prandial, quando a maior parte do nosso sangue está no sistema digestório e sobra muito pouco para os neurônios. Conhecida internacionalmente por seu trabalho em favor dos Direitos Humanos e do pacifismo, a escritora e jornalista Lia Diskin, Prêmio UNESCO 2006 em Direitos Humanos e Cultura de Paz, exorta: "Neurônios! Acordai e uni-vos". Ela é adorável...

Enfim, das 6 às 10 horas e das 16 às 20 horas, o organismo da grande maioria das pessoas está produzindo hormônios e substâncias químicas para a atividade – física e mental. Estes são os melhores horários para aprender e/ou ensinar porque o cérebro faz tudo melhor e com menor esforço.

Nos demais horários do dia, nosso organismo se prepara para o descanso e tudo nos parece mais difícil. O horário mais crítico é precisamente o meio do dia (às 12 horas), particularmente se tivermos acabado de almoçar. A propósito, nesse momento, todos os seres humanos "são" cinestésicos!

É claro que existem exceções. Há pessoas que se sentem e produzem melhor à noite ou de madrugada, mas estas representam o universo da minoria e não podemos desenhar planos de aula considerando a minoria, podemos? Então, vejamos algumas soluções que, pelo menos para mim, têm sido de grande valia.

Soluções

- Concentrar informação "difícil" ou "chata", mas importante, nos horários de maior atividade mental, colocando o máximo de jogos e exercícios ativadores e vitalizadores nos horários de "baixa" energia (sono).
- Aumentar a claridade e baixar a temperatura da sala para favorecer a produção de hormônios para a atividade.

Cuidado para não baixar a ponto de o frio ficar mais chamativo do que o conteúdo de sua apresentação.

– Deixar a sala na penumbra e aquecida para favorecer o relaxamento e o descanso.

CICLOS ULTRADIANOS

Definição: Ciclos que se repetem várias vezes dentro de um período de 24 horas.

Repetem-se várias vezes em um ciclo de 24 horas.
- Sede.
- Fome.
- Cansaço.
- Atenção.
- Concentração etc.

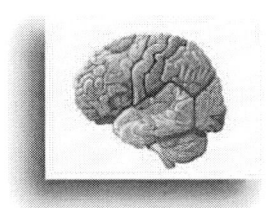

Figura 5.2 – Ciclos ultradianos.

Os ciclos ultradianos de fome, por exemplo, são de 5 a 6 horas, dependendo do que comemos (só um tipo de fruta, cerca de 2 a 3 horas). Só como dica: qualquer vontade de comer antes desse período de tempo entre refeições **não é fome**. É ansiedade, medo, insegurança, euforia ou qualquer outro sentimento/emoção.

Vamos ao que mais nos interessa: os cilos ultradianos de concentração! Assumimos em Neuroaprendizagem que sejam, para a maioria das pessoas, de, em média, até 15 minutos* após os quais o cérebro "perde" a capacidade de concentração e dispersa.

Tomando com rigor científico o conceito de concentração, ninguém fica 100% concentrado em uma só coisa por tempo nenhum.

---

* O neurocientista Carl Englund afirma que esses ciclos ultradianos são de 90 a 120 minutos. Entretanto, essa afirmação não coincide com minhas experiências na prática, portanto eu continuo mudando a mídia e ativando o grupo a cada, no máximo, 20 ou 30 minutos.

A mente está se deslocando de uma coisa para outra o tempo todo e nunca silencia de fato. Quando os orientais e praticantes de várias formas de meditação dizem que vão "esvaziar a mente", querem dizer que, embora os estímulos continuem chegando através dos cinco sentidos (agrupados em visual, auditivo e cinestésico), eles não serão analisados nem julgados. Mas é um "programa de fábrica", sem direito a acesso para reprogramação, o sistema límbico receber e processar todo e qualquer estímulo que lhe chegue. Um organismo vivo não pode ignorar um estímulo recebido por questões de segurança do sistema. Isso me lembra uma crônica maravilhosa de Rubem Alves, chamada "A Imagem do Rosto". Preste especial atenção à frase em itálico.

Um organismo vivo pode não responder a um estímulo. Então, como disse o poeta: *"Lembre-se de que sua insensibilidade poderá ser perdoada, mas não poderá ser esquecida"*. Ela já está registrada...

Bem, como eu dizia, depois de aproximadamente 15 minutos (menos se sua aula estiver chata), as pessoas vão começar a contar quantas lâmpadas há na sala? 1... 2... 3... 4...

Soluções (válidas também para os períodos de baixa dos ciclos circadianos):

- Distribuir chicletes/balas/água/café e afins para "ocupar" o cérebro com o processamento da mastigação/alimentação, consequentemente mantendo-se alerta, acordado.

- Inserir breves atividades, de preferência adequadas metaforicamente ao conteúdo que está sendo ensinado. Chamamos a essas dinâmicas de ativadores e vitalizadores.

- Mudar, tanto quanto possível, a mídia (lousa, quadro branco, retroprojetor, *datashow*, TV, vídeo, música, *flip chart*, leitura, multimídia de modo geral...).

- Movimentar-se pela sala.

- Alternar o volume, o ritmo e o timbre da sua voz enquanto estiver expondo o conteúdo.

- Interagir, ao máximo, com os participantes. Aliás, o que eles têm a dizer é sempre mais importante do que o que nós, focalizadores, temos.

- Na verdade, as soluções são tantas quantas sejam as pessoas na sala. Para algumas pessoas, assistir à aula em pé ou se deslocando pela sala (andando) ou mudando de posição na cadeira ajudam a ficar atento. Diga isso a eles.

CICLOS INFRADIANOS

Repetem-se durante vários ciclos de 24 horas

- Ciclo menstrual, por exemplo.

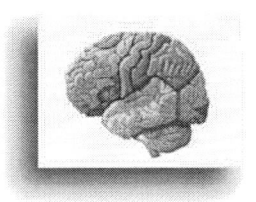

Figura 5.3 – Ciclos infradianos.

É claro que você não vai ficar perguntando para as mulheres: "Você está menstruada hoje?" Diga, apenas, que esses ciclos existem e que cada um pode cuidar de aproveitar ao máximo seu período de aprendizagem se apenas administrar seus ciclos fazendo o que tiverem que fazer para estarem mais presentes.

MÓDULOS DE INFORMAÇÃO (7 + OU – 2)

Definição: Ocasiões (impossíveis de serem mensuradas por serem pertinentes a cada organismo) em que o cérebro inicia o processamento de alguma coisa vista, ouvida ou sentida e perde toda a noção do que ocorreu no ambiente. Duram frações de segundo, mas afetam, significativamente, a aprendizagem.

Como perceber:

— A pessoa fica com a pupila dilatada, os olhos embaçados e parece estar olhando para o infinito aparentemente ausente.

Soluções:

— A única possível é criar um ambiente psicologicamente propício e deixar a pessoa livre para interromper imediatamente a exposição e perguntar o que foi dito; disponibilizar-se ao final da aula para repetir e/ou esclarecer a dúvida e permitir que ela pergunte ao colega mais próximo, combinando que isso será feito em um tom de voz que não atrapalhe o andamento da exposição e a absorção dos demais. Que tal fazer isso em tom de confissão?

— É essencial que o treinando saiba que isso ocorre com todo mundo e que é uma condição neurofisiológica de todos os seres humanos; não há nisso vergonha ou culpa, muito menos desmotivação, irresponsabilidade ou falta de comprometimento.

6
Metáforas, Histórias, Pensamentos e Outros Textos

A ideia é a mais simples possível: sensibilizar e estimular – não o QI, mas o QE – por meio de pequenos ou breves "toques" inteligentes, bem-humorados, sensíveis e enriquecedores que atualizam, informam e alimentam, inteligente, tranquila, saudavel**mente**.

Estamos sempre buscando novas formas de ver o mundo ou "roupagens novas" para as velhas formas e a filosofia básica é a do holismo. Em tudo, pode-se encontrar caminhos para a aprendizagem: filmes, piadas, exercícios, músicas, dança e... textos!

Minhas pesquisas nesses 25 anos de profissão sempre me remetem mais para o Oriente, particularmente para os textos japoneses, chineses e sufis.

Experimente, para abrir um curso sobre *liderança*, este texto que ouvi em uma entrevista de um mestre de natação no programa Repórter ECO, da TV Cultura, há uns 10 anos:

> "Eu não ensino e não mando. Ensinando sai cópia. Mandando sai escravo. Eu transmito meu espírito".
>
> Mestre Kan-Ichi Sato (Mestre Zen de Natação Eido)

Ou este para um trabalho sobre capacidades e competências:

> "Quem é o melhor no uso da espada?" – perguntou o guerreiro.
>
> "Vá até o campo perto do monastério", disse o mestre. "Ali existe uma rocha. Insulte-a".
>
> "Por que devo fazer isso?" – perguntou o discípulo.

> "A rocha jamais me responderá de volta!"
>
> "Então, ataque-a com sua espada", disse o mestre.
>
> "Tampouco farei isso", respondeu o discípulo. "Minha espada se quebrará. E se atacá-la com minhas mãos, ferirei meus dedos sem conseguir nada. Mas minha pergunta era outra: Quem é o melhor no uso da espada?"
>
> "O melhor é o que se parece com a rocha", disse o mestre. "Sem desembainhar a lâmina, consegue mostrar que ninguém poderá vencê-lo".
>
> Fonte: Paulo Coelho, Maktub, 30 de janeiro de 1994, Folha de S. Paulo.

Para um exercício de congruência entre o que se faz e o que se manda fazer, utilize o texto a seguir:

> ### Ensinando pelo Exemplo
>
> Uma mãe levou seu filho ao Mahatma Gandhi e implorou:
>
> "Por favor, Mahatma, diga a meu filho para deixar de comer açúcar".
>
> Gandhi fez uma pausa e disse:
>
> "Traga seu filho de volta daqui a duas semanas".
>
> Intrigada, a mulher agradeceu e disse que faria como ele ordenara.
>
> Duas semanas depois, ela voltou com o filho. Gandhi fitou os olhos do jovem e disse:
>
> "Pare de comer açúcar".
>
> Agradecida, mas perplexa, a mulher perguntou:
>
> "Por que me pediu para trazê-lo em duas semanas? Poderia ter dito a mesma coisa antes...".
>
> Gandhi replicou:
>
> "Há duas semanas eu estava comendo açúcar".
>
> Fonte: Dan Millman, "O Caminho do Guerreiro Pacífico", Ed. Pensamento.

O que quer que você possa fazer, ou sonhe em fazer, comece-o.

Como já dizia Goethe: "Existe algo de genialidade, de poder e de magia na coragem, porém seja sempre coerente e verdadeiro, ao menos consigo mesmo".

Tenho utilizado, com resultados excelentes, em encerramentos de trabalhos de *Teambuilding* a história a seguir.

Esse caso, ocorrido durante a Guerra do Vietnã, serve como exercício de sensibilização e Inteligência Intrapessoal. Leia e se pergunte: que sentimentos e emoções foram acordados? Pode também nos ajudar a entender o que o Psicólogo Roberto Assagiogli quis dizer com a frase do título.

A Prática é Fácil. O Difícil é Praticar...

Em uma aldeia vietnamita, um orfanato dirigido por um grupo de missionários foi atingido por um bombardeio. Os missionários e duas crianças tiveram morte imediata e as restantes ficaram gravemente feridas. Entre elas, uma menina de 8 anos, considerada em pior estado. Foi necessário chamar ajuda por uma rádio e, depois de algum tempo, um médico e uma enfermeira da Marinha dos EUA chegaram ao local.

Teriam que agir rapidamente, senão a menina morreria devido aos traumatismos e à perda de sangue. Era urgente fazer uma transfusão, mas como? Após alguns testes rápidos com o próprio pessoal da equipe de socorro, puderam perceber que ninguém ali possuía o sangue preciso.

Reuniram, então, o povo da aldeia e tentaram explicar o que estava acontecendo, gesticulando, "arranhando" o idioma que era difícil para eles. Queriam dizer que precisavam de um voluntário para doar o sangue.

Depois de um silêncio sepulcral, viu-se um braço magrinho levantar-se timidamente. Era um menino chamado Cheng.

Ele foi preparado às pressas ao lado da menina agonizante e espetaram-lhe uma agulha na veia.

Ele se mantinha quietinho e com o olhar fixo no teto.

Passado algum tempo, Cheng deixou escapar um soluço e tapou o rosto com a mão que estava livre. O médico perguntou a ele se estava doendo e ele disse que não. Mas não demorou muito a soluçar de novo, contendo as lágrimas. O médico ficou preocupado e voltou a lhe perguntar, e novamente ele negou. Os soluços ocasionais deram lugar a um choro silencioso, mas ininterrupto. Era evidente que alguma coisa estava errada. Foi, então, que apareceu uma enfermeira vietnamita vinda de outra aldeia. O médico, então, pediu que ela procurasse saber o que estava acontecendo com Cheng. Com a voz meiga e doce, a enfermeira foi conversando com ele e explicando algumas coisas, e o rostinho do menino foi se aliviando... Minutos depois, ele estava novamente tranquilo. A enfermeira logo explicou aos americanos:

"Ele pensou que ia morrer. Não tinha entendido direito o que vocês disseram e estava achando que ia ter que dar todo o seu sangue para a menina não morrer".

O médico se aproximou dele e com a ajuda da enfermeira perguntou:

"Mas se era assim, por que, então, você se ofereceu para doar seu sangue?"

E o menino respondeu simplesmente:

"Ela é minha amiga".

Esta metáfora me foi contada há mais de 15 anos pelo meu tio – Vanderlei Cozzo (Presidente da ABTD) e me impressionou profundamente pelas implicações que contém.

Na ocasião, pouco ou nada se falava em Inteligência Emocional ou Técnicas Vivenciais.

Hoje, eu a utilizo em cursos de formação ou sensibilização de profissionais de T&D. Leia e verifique você mesmo(a) por que...

A Estória do Frei Romão ou Em que Século Você Está Quando Dá Aulas?

"Nos primeiros tempos do Cristianismo – há 2.000 anos – a arte de escrever e ler era restrita a poucas pessoas, principalmente àquelas que se isolavam nos conventos e passavam a viver de forma contemplativa.

Frei Romão era uma dessas pessoas que, após suas orações, dedicava parte de seu tempo às pesquisas que fazia em um pequeno laboratório do convento e às aulas de leitura e escrita que dava às famílias nobres do vilarejo, usando como instrumentos um papiro da Bíblia e algumas tábulas de cera.

Esta foi sua rotina de muitos e muitos anos. Certo dia, quando manipulava produtos químicos em seu laboratório, uma reação química formou uma densa nuvem ao seu redor. Havia descoberto a fórmula do congelamento e ele havia sido a primeira cobaia.

Seus confrades o deram por morto e como seu corpo não se deteriorava passaram a venerá-lo como santo.

Muitos e muitos anos se passaram. Séculos até. O corpo de Frei Romão continuava conservado e diziam que fazia até milagres.

Os superiores da congregação resolveram mandar o corpo de Frei Romão em uma viagem pelo mundo buscando incrementar a fé cristã que se encontrava muito desacreditada.

> Viagens daqui e viagens dali, Frei Romão veio parar no centro de São Paulo, dentro do Mosteiro de São Bento.
>
> Ao fazer um serviço de limpeza na redoma de vidro que envolvia o corpo, o sacristão deixou-a cair. O vidro se espatifou e Frei Romão 'ressuscitou'.
>
> O sacristão saiu correndo. Frei Romão, um pouco aturdido, saiu andando pelo convento, sem entender direito onde estava.
>
> Andando daqui e dali, foi parar na porta da rua. 'Meu Deus! O que é isso? Quanta gente! Que roupas estranhas! Que casas gozadas! E esses bichos que andam para lá e para cá: grandes, pequenos, barulhentos e fumarentos! Que química utilizam?'
>
> Apavorado, saiu correndo e entrou na primeira 'caverna' que encontrou. Era um acesso do metrô. Quando viu aquele bicho enorme deu um grito: 'Leviatã!'; 'demo dos demos!'. E saiu correndo de volta para o Largo São Bento. Atravessou uma rua na frente de um ônibus que, impiedosamente, deu-lhe aquela buzinada.
>
> Aos tropeções e todo apavorado, correu em direção ao convento e entrou em um longo corredor cheio de portas. Abriu uma e entrou.
>
> Na sala, um velho professor dava uma aula de Filosofia. Usava um velho livro e uma grande lousa. Frei Romão deu um suspiro de alívio, sentou-se em uma carteira sentindo-se seguro e assistiu a uma aula como em seu velho convento."

Quantos profissionais você conhece que continuam conduzindo seus treinamentos como o velho Frei Romão há 2.000 anos?

Vendedor de Aspirador de Pó

Uma dona-de-casa, em um vilarejo, ao atender às palmas em sua porta...

"Ô de casa, tô entrando!"

Ela se depara com um homem que vai entrando em sua casa e joga esterco de cavalo em seu tapete da sala. A mulher, apavorada, pergunta:

"O senhor está maluco? O que pensa que está fazendo em meu tapete?"

O vendedor, sem deixar a mulher falar, responde:

"Boa-tarde! Eu estou oferecendo ao vivo o meu produto, e eu provo pra senhora que os nossos aspiradores são os melhores e mais eficientes do mercado em qualquer condição, tanto que vou fazer um desafio: se eu não limpar este esterco em seu tapete, eu prometo que irei comê-lo!"

A mulher se retirou para a cozinha sem falar nada.

O vendedor, curioso, perguntou:

"A senhora vai aonde? Não vai ver a eficiência do meu produto?"

A mulher responde:

"Vou pegar uma colher, sal, pimenta e um guardanapo de papel. Também uma cachaça para te abrir o apetite, pois aqui em casa não tem energia elétrica!"

Moral da história:

Conheça muito bem o seu cliente antes de oferecer qualquer coisa.

O texto a seguir já é bem conhecido, mas tive uma experiência inédita com ele.

O ambiente: FAAP – Fundação Armando Álvares Penteado. O focalizador: Victor Mirshawka Jr., Diretor de Pós-graduação da FAAP. O tema, então, era criatividade e o desafio formar grupos e encontrar o maior número possível de formas de usar o barômetro para a mesma finalidade que desafiou o professor citado no texto.

Eu já conhecia a história e confesso, sinceramente, achar que estava esgotada de possibilidades. Vocês ficariam surpresos com o número de respostas fabulosas que apareceram! Experimentem.

Claro que o Victor foi muito além (ele sempre vai) do simples (simples?) exercício de criatividade... Mas isso vai ter que ficar para outro livro...

Vocês sabem que os destaques e *highlites* no texto são meus...

Para que Serve um Barômetro???

(Texto retirado do site do Prof. Valdemar Setzer, de Ciência da Computação da Universidade de São Paulo)

"Há algum tempo, recebi um convite de um colega professor para servir de árbitro na revisão de uma prova de Física que recebera nota zero. O aluno dizia merecer nota máxima. O professor e o aluno concordaram em submeter o problema a um juiz imparcial, e eu fui o escolhido. Chegando à sala de meu colega, li a questão da prova: *Mostre como se pode determinar a altura de um edifício bem alto com o auxílio de um barômetro.*

A resposta do estudante foi a seguinte:

'Leve o barômetro ao alto do edifício e amarre uma corda nele; baixe o barômetro até a calçada e, em seguida, levante, medindo o comprimento da corda; esse comprimento será igual à altura do edifício'.

Sem dúvida, a resposta satisfazia o enunciado, e por instantes vacilei quanto ao veredicto.

Recompondo-me rapidamente, disse ao estudante que ele tinha respondido à questão, mas sua resposta não comprovava conhecimentos de Física, que era o objeto da prova. Sugeri, então, que ele fizesse outra tentativa de responder à questão.

Meu colega concordou prontamente e, para minha surpresa, o aluno também. Segundo o acordo, ele teria 6 minutos para responder à questão, demonstrando algum conhecimento de Física.

Passados 5 minutos, ele não havia escrito nada, apenas olhava pensativamente para o teto da sala. Perguntei-lhe, então, se desejava desistir, pois eu tinha um compromisso logo em seguida. Mas o estudante anunciou que não havia desistido e **estava apenas escolhendo uma entre as várias respostas que poderia dar**. De fato, 1 minuto depois ele me entregou esta resposta:

'Vá ao alto do edifício, incline-se em uma ponta do telhado e solte o barômetro, medindo o tempo T de queda, desde a largada até o toque com o solo. Depois, empregando a fórmula $h = (1/2)gt^2$, calcule a altura do edifício'.

Nesse momento, sugeri ao meu colega que entregasse os pontos e, embora contrafeito, ele deu uma nota quase máxima ao aluno. Quando ia saindo da sala, lembrei-me de que o estudante havia dito ter outras respostas para o problema. Não resisti à curiosidade e perguntei-lhe quais eram essas respostas. Ele disse:

'Ah! sim, há muitas maneiras de achar a altura de um edifício com a ajuda de um barômetro.

Por exemplo, em um belo dia de sol, pode-se medir a altura do barômetro e o comprimento de sua sombra projetada no solo, bem como a do edifício. Depois, usando-se uma simples regra de três, determina-se a altura do edifício'.

> Um outro método básico de medida, aliás bastante simples e direto, é subir as escadas do edifício fazendo marcas na parede, espaçadas da altura do barômetro.
>
> Contando o número de marcas, tem-se a altura do edifício em unidades barométricas. Um método mais complexo seria amarrar o barômetro na ponta de uma corda e balançá-lo como um pêndulo, o que permite a determinação da aceleração da gravidade (g). Repetindo a operação ao nível da rua e no topo do edifício, obtêm-se duas acelerações diferentes e a altura do edifício pode ser calculada com base nessa diferença. Se não for cobrada uma solução física para o problema, existem muitas outras respostas.
>
> A minha preferida é bater à porta do zelador do edifício e dizer: 'Caro zelador, se o senhor me disser a altura desse edifício, eu lhe darei em retribuição esse lindo barômetro de última geração'.
>
> A essa altura, perguntei ao estudante se ele não sabia qual era a resposta 'esperada' para o problema.
>
> **Ele admitiu que sabia, mas estava farto das tentativas do colégio e dos professores de dizer como ele deveria pensar."**

Quando o assunto é comprometimento, a dificuldade é muito maior do que em quaisquer outros temas, talvez até mais do que gestão de conflitos, porque as pessoas que estão em conflito sabem que estão. Já o funcionário que não está se comprometendo como se esperaria que estivesse em seu trabalho, quase sempre, não tem consciência disso.

Às vezes, uma boa história fala mais alto do que mil palestras. Tente esta.

Envolva-se. Deixe sua Marca

"Quando eu era criança, meu pai comprou o primeiro telefone da nossa vizinhança.

Eu ainda me lembro daquele aparelho preto e brilhante que ficava na cômoda da sala. Eu era muito pequeno para alcançar o telefone, mas ficava ouvindo fascinado enquanto minha mãe falava com alguém.

Então, um dia, eu descobri que dentro daquele objeto maravilhoso morava uma pessoa legal. O nome dela era 'uma informação, por favor' e não havia nada que ela não soubesse.

'Uma informação, por favor' poderia fornecer qualquer número de telefone e até a hora certa.

Minha primeira experiência pessoal com esse aparelho veio em um dia em que minha mãe estava fora, na casa de um vizinho. Eu estava na garagem mexendo na caixa de ferramentas quando bati em meu dedo com um martelo. A dor era terrível, mas não havia motivo para chorar, uma vez que não tinha ninguém em casa para me oferecer a sua simpatia.

Eu andava pela casa, chupando o dedo dolorido até que pensei: O telefone!?

Rapidamente, fui até o porão, peguei uma pequena escada que coloquei em frente à cômoda da sala. Subi na escada, tirei o fone do gancho e segurei contra o ouvido. Alguém atendeu e eu disse: 'Uma informação, por favor'.

Ouvi uns dois ou três cliques e uma voz suave e nítida falou em meu ouvido.

'Informações.'

'Eu machuquei meu dedo...', disse, e as lágrimas vieram facilmente, agora que eu tinha audiência.

'A sua mãe não está em casa?', ela perguntou.

'Não tem ninguém aqui...', eu soluçava.

'Está sangrando?'

'Não', respondi. 'Eu machuquei o dedo com o martelo, mas tá doendo...'

'Você consegue abrir o congelador?', ela perguntou. Eu respondi que sim.

'Então pegue um cubo de gelo e passe no seu dedo', disse a voz.

Depois daquele dia, eu ligava para 'uma informação, por favor' por qualquer motivo.

Ela me ajudou com as minhas dúvidas de geografia e me ensinou onde ficava a Filadélfia. Ela me ajudou com os exercícios de matemática. Ela me ensinou que o pequeno esquilo que eu trouxe do bosque deveria comer nozes e frutinhas.

Então, um dia, meu canário, morreu.

Eu liguei para 'uma informação, por favor' e contei o ocorrido.

Ela escutou e começou a falar aquelas coisas que se dizem para uma criança que está crescendo. Mas eu estava inconsolável.

Eu perguntava: 'Por que é que os passarinhos cantam tão lindamente e trazem tanta alegria para gente para, no fim, acabar como um monte de penas no fundo de uma gaiola?'

Ela deve ter compreendido a minha preocupação, porque acrescentou mansamente:

'Paul, sempre lembre que existem outros mundos onde a gente pode cantar também...'

De alguma maneira, depois disso eu me senti melhor.

No outro dia, lá estava eu de novo. 'Informações', disse a voz já tão familiar.

'Você sabe como se escreve exceção?'

Tudo isso aconteceu na minha cidade natal ao norte do Pacífico.

Quando eu tinha 9 anos, nós nos mudamos para Boston. Eu sentia muita falta da minha amiga.

'Uma informação, por favor' pertencia àquele velho aparelho telefônico preto e eu não sentia qulquer atração pelo nosso novo aparelho telefônico branquinho que ficava na nova cômoda na nova sala.

Conforme eu crescia, as lembranças daquelas conversas infantis nunca saíam da minha memória. Frequentemente, em momentos de dúvida ou perplexidade, eu tentava recuperar o sentimento calmo de segurança que eu tinha naquele tempo.

Hoje, entendo como ela era paciente, compreensiva e gentil ao perder tempo atendendo às ligações de um menininho.

Alguns anos depois, quando estava indo para a faculdade, meu avião teve uma escala em Seattle. Eu teria mais ou menos meia hora entre os dois vôos.

Falei ao telefone com minha irmã, que morava lá, por 15 minutos.

Então, sem nem mesmo sentir que estava fazendo isso, disquei o número da operadora daquela minha cidade natal e pedi: 'Uma informação, por favor'.

Como num milagre, eu ouvi a mesma voz doce e clara que conhecia tão bem, dizendo: 'Informações'.

Eu não tinha planejado isso, mas me peguei perguntando: 'Você sabe como se escreve exceção?'

Houve uma longa pausa. Então, veio uma resposta suave: 'Eu acho que o seu dedo já melhorou, Paul'.

Eu ri. 'Então, é você mesma!', eu disse. 'Você não imagina como era importante para mim naquele tempo'.

'Eu imagino', ela disse.

'E você não sabe o quanto significavam para mim aquelas ligações. Eu não tenho filhos e ficava esperando todos os dias que você ligasse'.

> Eu contei para ela o quanto pensei nela todos esses anos e perguntei se poderia visitá-la quando fosse encontrar a minha irmã.
>
> 'É claro!', ela respondeu. 'Venha até aqui e chame a Sally'.
>
> Três meses depois, eu fui a Seattle visitar minha irmã.
>
> Quando liguei, uma voz diferente respondeu: 'Informações'. Eu pedi para chamar a Sally.
>
> 'Você é amigo dela?', a voz perguntou.
>
> 'Sou, um velho amigo. O meu nome é Paul'.
>
> 'Eu sinto muito, mas a Sally estava trabalhando aqui apenas meio período porque estava doente. Infelizmente, ela morreu há cinco semanas'.
>
> Antes que eu pudesse desligar, a voz perguntou: 'Espere um pouco. Você disse que o seu nome é Paul?'
>
> 'Sim.'
>
> 'A Sally deixou uma mensagem para você. Ela escreveu e pediu para eu guardar caso você ligasse. Eu vou ler pra você'.
>
> A mensagem dizia:
>
> 'Diga a ele que eu ainda acredito que existem outros mundos onde a gente pode cantar também. Ele vai entender'.
>
> Eu agradeci e desliguei. Eu entendi..."
>
> Moral da história: **Nunca subestime a "marca" que você deixa nas pessoas.**
>
> Fonte: "Canja de Galinha para a Alma", do autor Paul Villiard

O próximo texto na verdade é para provocar um debate sobre líderes que agem da mesma forma e como mudar essa situação.

Desenvolvendo Competências

Um açougueiro estava em sua loja e ficou surpreso quando um cachorro entrou.

Ele espantou o cachorro, mas logo o cãozinho voltou. Novamente, ele tentou espantá-lo, aí foi quando viu que o animal trazia um bilhete na boca.

Ele pegou o bilhete e leu: 'Pode me mandar 12 salsichas e uma perna de carneiro, por favor?'

Ele olhou e viu que dentro da boca do cachorro havia uma nota de 50 reais.

Então, ele pegou o dinheiro, separou as salsichas e a perna de carneiro, colocou em uma embalagem plástica, junto com o troco, e pôs na boca do cachorro.

O açougueiro ficou impressionado e, como já era mesmo hora de fechar o açougue, ele decidiu seguir o animal.

O cachorro desceu a rua, quando chegou ao cruzamento deixou a bolsa no chão, pulou e apertou o botão para o sinal. Esperou, pacientemente, com o saco na boca até que o sinal fechasse e ele pudesse atravessar a rua.

O açougueiro e o cão foram caminhando pela rua, até que o cão parou em uma casa e pôs as compras na calçada.

Então, voltou um pouco, correu e se atirou contra a porta. Tornou a fazer isso. Ninguém respondeu na casa.

Então, o cachorro circundou a casa, pulou um muro baixo, foi até a janela e começou a bater com a cabeça no vidro várias vezes. Depois disso, caminhou de volta para a porta, e foi quando alguém a abriu e começou a bater no cachorro.

O açougueiro correu até essa pessoa e a impediu, dizendo: 'Por Deus do céu, o que você está fazendo? O seu cão é um gênio!'

A pessoa respondeu: 'Um gênio? Esta já é a terceira vez nesta semana que esse estúpido esquece de levar a chave!!!'

Moral da história: **Você pode continuar excedendo às expectativas, mas para os olhos de alguns você estará sempre abaixo do esperado.**

Esse texto se autoexplica, mas vale uma dica: experimente oferecê-lo, via e-mail, aos participantes de um grupo que se está preparando para o início de um processo de mudança (toda mudança gera necessidade de adaptação e um tanto de estresse enquanto esse processo de adaptação acontece) ou a um que não esteja conseguindo enxergar sua própria responsabilidade no estresse gerado pelas escolhas que faz e que exigem mais deles mesmos, responsabilizando exclusivamente a organização por isso.

> "Um grupo de ex-alunos, todos muito bem estabelecidos profissionalmente, se reuniu para visitar um antigo professor da universidade.
>
> Em pouco tempo, a conversa girava em torno de queixas de estresse no trabalho e na vida como um todo.
>
> Ao oferecer café aos seus convidados, o professor foi à cozinha e retornou com um grande bule e uma variedade de xícaras de porcelana, plástico, vidro, cristal; algumas simples, outras caras, outras requintadas, dizendo a todos para se servirem.
>
> Quando todos os estudantes estavam de xícara em punho, o professor disse:
>
> 'Se vocês repararem, pegaram todas as xícaras bonitas e caras e deixaram as simples e baratas para trás. Uma vez que não é nada anormal que queiram o melhor para vocês, esta é a fonte dos seus problemas e estresse. Vocês podem ter certeza de que a xícara em si não adiciona qualidade nenhuma ao café. Na maioria das vezes, são apenas mais caras e, algumas vezes, até ocultam o que estamos bebendo. O que todos vocês realmente queriam era o café, não as xícaras, mas escolheram as melhores e então ficaram de olho nas xícaras uns dos outros.
>
> Agora, pensem nisso: a vida é o café e empregos, dinheiro e posição social são as xícaras.
>
> Elas são apenas ferramentas para sustentar e conter a vida. Às vezes, ao nos concentrarmos apenas na xícara, deixamos de saborear nosso café."
>
> Saboreie seu café!

O texto a seguir pretende ser uma ferramenta de sensibilização para ajudar a humanizar grupos que estejam demasiadamente focados em ferramentas de medição, processos técnicos, números, resultados (sem pessoas) e lembrá-los de sua humanidade e responsabilidade social. É impressionante quantas vidas nossa vida toca ao longo de sua existência e atuação no mundo. Ainda mais quando temos poder para mudar as coisas...

> "Ricardinho não aguentou o cheiro bom do pão e falou:
> 'Pai, tô com fome!!!'
> O pai, Agenor, sem ter um tostão no bolso, caminhando desde muito cedo em busca de um trabalho, olha com os olhos marejados para o filho e pede mais um pouco de paciência...
> 'Mas pai, desde ontem que a gente não come nada, eu tô com muita fome!'
> Envergonhado, triste e humilhado em seu coração de pai, Agenor pede para o filho aguardar na calçada enquanto entra na padaria a sua frente...
> Ao entrar dirige-se a um homem no balcão:
> 'Meu senhor, estou com meu filho de apenas 6 anos na porta, com muita fome, não tenho nenhum tostão, porque saí cedo para buscar um emprego mas não achei nada. Eu lhe peço por favor que me dê um pão para que eu possa matar a fome do menino e, em troca, posso varrer o chão de seu estabelecimento, lavar os pratos e copos, ou outro serviço que o senhor precisar'.
> Amaro, o dono da padaria, estranha aquele homem de semblante calmo e sofrido, pedir comida em troca de trabalho e pede para que ele chame o filho.
> Agenor pega o filho pela mão e apresenta-o a Amaro, que imediatamente pede que os dois se sentem junto ao balcão, onde manda servir dois pratos de comida do famoso PF (prato-feito) com arroz, feijão, bife e ovo.
> Para Ricardinho era um sonho, comer depois de tantas horas na rua.

Para Agenor, uma dor a mais, já que comer aquela comida maravilhosa fazia-o lembrar-se da esposa e mais dois filhos que ficaram em casa apenas com um punhado de fubá...

Grossas lágrimas desciam dos seus olhos já na primeira garfada...

A satisfação de ver seu filho devorando aquele prato simples como se fosse um manjar dos deuses e a lembrança de sua pequena família em casa foram demais para seu coração tão cansado de mais de 2 anos de desemprego, humilhações e necessidades...

Amaro se aproxima de Agenor e, percebendo a sua emoção, brinca para relaxar:

'Ô Maria!!! Sua comida deve estar muito ruim... Olha o meu amigo está até chorando de tristeza desse bife, será que é sola de sapato?'

Imediatamente, Agenor sorri e diz que nunca comeu comida tão gostosa, e que agradecia muito a Deus por ter esse prazer...

Amaro pediu, então, que ele sossegasse seu coração, que almoçasse em paz e depois conversariam sobre trabalho...

Mais confiante, Agenor enxuga as lágrimas e começa a almoçar, já que sua fome já estava nas costas...

Após o almoço, Amaro convida Agenor para uma conversa nos fundos da padaria, onde havia um pequeno escritório...

Agenor conta então que há mais de 2 anos havia perdido o emprego e desde então, sem uma especialidade profissional, sem estudos, ele estava vivendo de pequenos 'biscates aqui e acolá', mas que há 2 meses não recebia nada...

Amaro resolve então contratar Agenor para serviços gerais na padaria, e faz para o homem uma cesta básica com alimentos para pelo menos 15 dias...

Agenor com lágrimas nos olhos agradece a confiança daquele homem e marca para o dia seguinte seu início no trabalho...

Ao chegar em casa com toda aquela 'fartura', Agenor era um novo homem. Sentia esperanças, sentia que sua vida iria tomar novo impulso...

Deus estava lhe abrindo mais do que uma porta, era toda uma esperança de dias melhores...

No dia seguinte, às 5 da manhã, Agenor estava na porta da padaria, ansioso para iniciar seu novo trabalho...

Amaro chega logo em seguida e sorri para aquele homem que nem ele sabia por que estava ajudando...

Tinham a mesma idade, 32 anos, e histórias diferentes, mas algo dentro dele chamava-o para ajudar aquela pessoa...

E ele não se enganou. Durante um ano, Agenor foi o mais dedicado trabalhador daquele estabelecimento, sempre honesto e extremamente zeloso com seus deveres. Um dia, Amaro chama Agenor para uma conversa e fala da escola que abriu vagas para a alfabetização de adultos um quarteirão acima da padaria, e que ele fazia questão que Agenor fosse estudar...

Agenor nunca esqueceu seu primeiro dia de aula: a mão trêmula nas primeiras letras e a emoção da primeira carta...

Doze anos se passam desde aquele primeiro dia de aula...

Vamos encontrar o Dr. Agenor Baptista de Medeiros, advogado, abrindo seu escritório para seu cliente, e depois outro, e depois mais outro...

Ao meio-dia, ele desce para um café na padaria do amigo Amaro, que fica impressionado em ver o 'antigo funcionário' tão elegante em seu primeiro terno...

Mais dez anos se passam, e agora o Dr. Agenor Baptista, já com uma clientela que mistura os mais necessitados que não podem pagar, e os mais abastados que o pagam muito bem, resolve criar uma instituição que oferece aos desvalidos da sorte, que andam pelas ruas, pessoas desempregadas e carentes de todos os tipos, um prato de comida diariamente na hora do almoço...

Mais de 200 refeições são servidas diariamente naquele lugar que é administrado pelo seu filho, o agora nutricionista Ricardo Baptista...

Tudo mudou, tudo passou, mas a amizade daqueles dois homens, Amaro e Agenor, impressionava a todos que conheciam um pouco da história de cada um...

Contam que aos 82 anos os dois faleceram no mesmo dia, quase que na mesma hora, morrendo placidamente com um sorriso de dever cumprido...

Ricardinho, o filho, mandou gravar na frente da 'Casa do Caminho', que seu pai fundou com tanto carinho:

'Um dia eu tive fome, e você me alimentou. Um dia eu estava sem esperanças e você me deu um caminho. Um dia acordei sozinho, e você me deu Deus, e isso não tem preço. Que Deus habite em seu coração e alimente sua alma. E que te sobre o pão da misericórdia para estender a quem precisar!!!'"

História verídica

Método da Administração Emocional (MAE)

Desenvolvido pelos psicólogos Dartan Gravina e Conceição Machado, o Método da Administração Emocional é a integração de abordagens da Psicologia: Psicoterapia Corporal, Análise Transacional, Psicodrama, além de Terapias Orientais, aliada à experiência organizacional, educacional e artística, quando compreendemos que a "arte imita a vida".

O MAE objetiva o autodesenvolvimento pelo reconhecimento das emoções que norteiam a vida profissional e pessoal, possibilitando a transformação de relações improdutivas em produtivas de forma basicamente vivencial.

Os passos básicos são:

1. Sensibilização/Reconhecimento das emoções

1.1. Intrapessoal:
- Reconhecer emoções autênticas.
- Reconhecer emoções de disfarce, que criam máscaras (relacionamentos desonestos, impessoais, baseados na mentira, sede de poder, "puxar-o-tapete" etc.).

1.2. Interpessoal:
- Separar o que *eu* sinto do que o *outro* sente (não sabemos o que o outro sente, a menos que haja *comunicação* baseada em dar e receber *feedback*).
- Reconhecer o que suas emoções provocam no outro, e vice-versa, integrando com empatia essas emoções para relacionamentos mais maduros.

2. Administrar emoções
— Pela competência emocional, relacionar-se com a máscara sem perder a essência, focado nas metas da empresa.

3. Assessoria formulada para o autodesenvolvimento
— Reuniões quinzenais sistematizadas em que os colaboradores comunicam ações concretas, dificuldades e o andamento do processo no cotidiano.

O método postula três níveis de atuação perante a vida, chamados de "estados internos", os quais são dinâmicos e flutuam de acordo com a demanda de um estado para outro.

Os estados internos compreendem os estados: racional, emocional e social.

— **Estado Racional:** Indivíduo é destituído de emoções, portanto o seu processo de alfabetização emocional não se alcança no curto prazo, uma vez que a sua aprendizagem é processada pelo cognitivo.
**A máscara colou em seu rosto, se tirar ele sucumbirá. Não sabe que tem a máscara.
A máscara é ele.**

— **Estado Emocional:** Indivíduo pode iniciar o seu processo de realfabetização emocional, fluindo para o processo de administração das emoções. É nesse estado que reside a essência, foco básico desse método.
A máscara é "só" uma máscara, ele sabe administrá-la, tira e põe se necessário, consciente das consequências de suas ações.

— **Estado Social:** Há uma consciência estereotipada, através das mensagens recebidas do meio social, em que residem paradigmas, preconceitos, rótulos, crenças etc. Nesse estado, o indivíduo processa sua realfabetização emocional através das emoções de disfarce, ou seja, para se adaptar e sobreviver, ele mascara e massacra suas emoções autênticas.

Relaciona-se através da máscara, de máscara para máscara.

Os estados social e racional são improdutivos porque não desenvolvem potenciais, impossibilitando que se atinja a melhoria contínua, além de consumir parte significativa da energia que deveria estar direcionada ao trabalho.

Como reverter esses e outros problemas através desse método já que perdemos muito quando usamos máscaras para lidar com as emoções?

O MAE percorre o caminho da realfabetização emocional redirecionando nosso potencial ao crescimento.

Emoções Autênticas: De acordo com a Análise Transacional, são:

Medo,

Alegria,

Raiva,

Tristeza, e

Afeto/**A**mor.

Esse acróstico **MARTA** pode servir como âncora de memorização.

Emoções de Disfarce: Nascemos sentindo e expressando, naturalmente, as emoções, como bem reconheceu Charles Darwin em "La Expresión de las Emociones en los Hombres y Animales". No decorrer das experiências da vida, aprendemos a disfarçar essas emoções escondendo-as sob o que chamamos "Máscara". O que se ganha com isso? Como diria Darwin: "A adaptação visa à sobrevivência".

Vejamos:

— Não expresso minha raiva para com minha mãe = não apanho.

— Não expresso minha raiva para meu chefe = não me despede.

Apesar dos "ganhos", as máscaras geram os personagens – improdutivos e manipuladores – que, inconscientemente, representamos e através dos quais nos relacionamos com os personagens das outras pessoas e acabamos contabilizando consequências improdutivas (Tabela 7.1).

Tabela 7.1 – Consequências Improdutivas

EMOÇÕES DE DISFARCE	CONSEQUÊNCIAS IMPRODUTIVAS
Fixado no passado (a máscara serviu para uma situação, mas não foi retirada e o temporário tornou-se permanente)	• Falta comprometimento com melhora contínua. Base do princípio da qualidade. • Rigidez nas respostas para lidar com situações novas (preso à antiga máscara)
Autocensura elevada, conflitos internos/externos provocados pelas emoções verdadeiras versus disfarce	• Falta de criatividade • Exigências inatingíveis de qualidade, resultados, prazos etc. • Clima de desmotivação sazonal
Energia canalizada para sustentar os personagens	• Energia do potencial humano não direcionada ao trabalho & desenvolvimento
Constante estresse, doenças psicossomáticas, clima de medo e conflito	• Baixa Qualidade de Vida no Trabalho (QVT)
Clima de competição (aberto ou velado)	• Baixa cooperação • Team Work fraco ou inexistente

DICAS PARA ADMINISTRAR ALGUMAS DE SUAS EMOÇÕES

MEDO

Você pode e deve expressá-lo! Apenas se pergunte se ele é real ou imaginário. O medo enfraquece a autoestima, portanto valorize as muitas coisas boas que você já fez e imagine as que ainda fará. Paulo Gaudêncio tem uma metáfora da qual gosto muito e uso sempre comigo mesma para diagnosticar esse medo limite (do meio: indiscutível. Se eu me jogar do 30º andar, morro) ou limitação (minha: questionável. Não chego nem perto de edifícios altos). Ele sugere que nos perguntemos se o que está nos abalando e desestabilizando (medo) é terremoto ou labirintite. Se for terremoto, 100% das pessoas à minha volta (nada menos do que isso) estarão sentindo também, senão...

ALEGRIA

Expresse e compartilhe; apenas certifique-se de fazê-lo *com os que querem.*

RAIVA

Você pode e deve expressá-la! Apenas certifique-se de fazê-lo de forma assertiva e não agressivamente.

TRISTEZA

Permita-se chorar ou recolher-se se sentir essa necessidade. Fomos ensinados a não chorar em público. Isso é um tanto embaraçoso para algumas pessoas, particularmente homens, mais ainda das gerações mais antigas e/ou de certas culturas rígidas. No entanto, sem essa autopermissão, a tristeza não será administrada. Ficará com você por um tempo maior do que o necessário para que suas aprendizagens, isso mesmo, aprendizagens, sejam absorvidas. Sem a autopermissão para chorar ou se retrair, talvez nem haja aprendizagem alguma e o que entristeceu você se repetirá muitas e muitas vezes. Até que "a ficha caia".

AMOR

Essas emoções nascem com as pessoas. São mecanismos de sobrevivência. Não podem ser erradicadas como disse W. Edward Deming, por exemplo, sobre o Medo em seus 14 princípios da qualidade. No 8º princípio ele diz: "Elimine o medo, de tal forma que todos trabalhem de modo eficaz para a empresa". Bem, não podemos **eliminar** um mecanismo de defesa. Podemos apenas (o que é suficiente) administrá-lo.

A seguir, uma vivência do MAE resgatando emoções autênticas expressas e sentidas naturalmente na infância.

THE TOY

OBJETIVOS

— Expressar emoções que fazem parte da essência.

— Amenizar os efeitos das emoções de disfarce (máscara).

— Integrar ao cotidiano profissional o lúdico e a manifestação de nossas emoções.

— Dar e receber *feedback*.

CONSIGNA

Sentados em círculo, de olhos fechados: "Lembre-se de sua infância e de seu brinquedo preferido".

Peça para escreverem, de modo visível, o nome do brinquedo na metade superior de uma folha de papel-ofício e pendurá-la no peito.

"Escolha um par e converse sobre o brinquedo."

De pé, em círculo, com ambiente em penumbra:

"Agora, permita-se sentir a emoção da música integrada à lembrança, abra sua mente e seu coração. Permita-se expressar também com seu corpo o que a música lhe transmite".

MÚSICAS

"Antigamente" e "Tente Entender", do CD "Canções Curiosas".

TEMPO TOTAL

Quatro minutos e quarenta e cinco segundos.

Estimule a participação do grupo expressando o que sentiu, e ouça.

Integre os comentários com a rica experiência da infância, dos momentos bons, onde éramos curiosos, criativos, animistas e lúdicos, verdadeiros pesquisadores naturais "mirins". Hoje, no aqui-e-agora, também podemos resgatar nossos potenciais de maneira lúdica, obtendo, assim, prazer em nosso trabalho. Essa é a oportunidade de começar a resgatar nossa essência, aplicando-a no dia a dia profissional/pessoal.

Com o grupo em pé, em círculo e de olhos fechados, pergunte:

– O que hoje é significativo no seu dia a dia profissional?

– Que situação ou objeto é significativo para você?

– O que poderia ser um símbolo representando seu trabalho?

– Dê um exemplo pessoal do que é significativo para você no seu trabalho.

Sentados: "Enquanto vocês escrevem de modo visível, na parte inferior da mesma folha, em uma palavra ou frase o que é significativo para vocês, deem e recebam *feedback*, isto é, ouçam realmente, deixem suas duplas falarem e depois falem para seus pares o que realmente sentiram e pensaram. Falem dos momentos: Como foi quando falou do brinquedo e agora quando falou do trabalho? Quais as diferenças? Como estava a expressão no rosto?

De pé, em círculo, colha comentários dando ênfase ao fato de que é possível colhermos os aspectos bons da infância agregando-os à nossa vida pessoal e profissional. Este foi apenas um primeiro passo.

Escreva, no verso de sua folha, seu nome, telefone e departamento. Troque a folha com seu par e combinem para daqui a uma semana voltarem a conversar sobre o dia de hoje e das mudanças que ocorreram desde então.

Hoje, estamos aqui tratando também de aspectos profissionais e podemos sentir e observar que desde nossa infância até o dia de hoje crescemos bastante, em todos os sentidos. Esse é um bom motivo para comemorarmos nosso crescimento, vamos fazer isso ouvindo e dançando a próxima música?

MÚSICA:
"Aniversário", do CD "Canções de Brincar".

TEMPO:
Três minutos e trinta segundos.

Enquanto a música toca, estimule as pessoas para que se movimentem em círculo, como brincadeira de roda, e cantem em refrão.

Parabenize-as por serem capazes não só de sentir como também de expressar suas emoções.

Acreditem, lendo parece até um tanto piegas, mas é preciso perceber o estado emocional do grupo. Se ele estiver suficientemente mobilizado, suprima a celebração. Ela só se legitima a partir do envolvimento emocional total do grupo.

RENTABILIDADE DO MAE

A LUCRATIVIDADE PARA AS ORGANIZAÇÕES (e pessoas) É O RESULTADO DO GRUPO TRANSFORMAR IMPRODUTIVIDADE EM PRODUTIVIDADE.

O MAE possibilita como ganho adicional estruturar um terreno sólido e fértil que favorece outros programas de Treinamento e Desenvolvimento (T&D) na empresa. Por exemplo, por trabalhar com mudanças de paradigmas beneficia os programas e ferramentas da Qualidade e também os Programas de Planejamento Estratégico, pois nenhuma estratégia sobrevive hoje no mercado globalizado onde só a mudança é permanente. Com a estrutura do MAE, os gestores estão capacitados a se flexibilizarem para acompanhar o fluxo das mudanças.

Por trabalhar com *feedbacks*, essa metodologia beneficia todos os processos de comunicação dentro da empresa. Por flexibilizar os "estados internos" que antes eram "cristalizados" beneficia a liderança exercitando o "jogo de cintura" e a habilidade em adequar respostas diferentes a diferentes demandas.

A Qualidade de Vida no trabalho é outro aspecto privilegiado no programa – o que poderá se tornar mais claro na descrição das vivências.

Fato Verídico:

Sr. Bill Gates em uma recente COMDEX:

"Se a GM tivesse se mantido no mesmo passo em tecnologia que a indústria de computadores tem mantido, nós todos estaríamos dirigindo carros de US$ 25.00 que fazem 1.000 milhas por galão de gasolina."

Em resposta aos comentários de Bill Gates, a GM emitiu um comunicado oficial à imprensa pelo Sr. Welch em pessoa (um "papa" da Administração há mais de duas décadas), colocando:

"Se a GM tivesse desenvolvido tecnologia como a Microsoft, nós todos estaríamos dirigindo carros com as seguintes características:

1. Sem nenhuma razão, seu carro iria parar de funcionar duas vezes por dia.
2. Toda vez que repintassem as linhas das ruas, nós teríamos que comprar um carro novo.
3. Ocasionalmente, seu carro iria morrer na auto-estrada sem nenhuma razão, e você só teria que aceitar isso, reiniciar o carro e dirigir.
4. Ocasionalmente, executar uma manobra, tal como virar à esquerda, iria levar seu carro a desligar e se recusar a ligar. Em tal caso você teria que reinstalar o motor.
5. Somente uma pessoa por vez poderia usar o carro, a menos que você comprasse 'Carro95' ou 'CarroNT'. Mas, então, você teria que comprar mais assentos.
6. A MacIntoch faria um carro que seria movido a energia solar, estável, cinco vezes mais rápido e duas vezes mais fácil, mas só rodaria em 5% das estradas.
7. As luzes de advertência do óleo, da água e do alternador seriam substituídas por uma única 'Luz de Pane Geral'.
8. Novos assentos iriam forçar todo mundo a ter o mesmo tamanho de bumbum.
9. O sistema de *air-bag* iria dizer 'Tem Certeza?' antes de se autoinflar.

10. Ocasionalmente, por nenhuma razão, seu carro iria lhe trancar do lado de fora e se recusar a abrir, até que você simultaneamente levantasse a maçaneta, girasse a chave e segurasse na antena do rádio.

11. A GM iria requerer que todos os compradores de carros também comprassem um conjunto de luxo de mapas da Randy-McNally (agora uma subsidiária GM), mesmo que eles não precisassem nem quisessem. Tentar deletar essa opção imediatamente causaria uma perda de 50% ou mais da potência. Mais tarde, a GM seria alvo de uma investigação do Departamento de Justiça.

12. Cada vez que a GM lançasse um novo modelo de carro, compradores teriam que aprender a dirigir de novo porque nenhum dos controles seria o mesmo.

13. Você teria que pressionar o botão 'INICIAR' para desligar o motor".

Conclusão: É pela Competência Emocional que ações improdutivas se transformam em produtivas. E, às vezes, é graças a ela, também, que nos poupamos de passar por ridículos — às vezes internacionais...

8
Exercícios de Integração, Aquecimento e Conteúdo

OBJETIVOS GERAIS DE TODOS OS EXERCÍCIOS DESTE CAPÍTULO, DIRETA OU INDIRETAMENTE

- Promover integração.
- Administrar e reduzir estresse.
- Melhorar comunicação e relacionamento interpessoal.
- Aumentar o grau de inteligência emocional.
- Favorecer predisposição para mudanças.
- Desenvolver proatividade.
- Promover mudanças de comportamento positivas para um melhor modo de ser e estar.
- Desenvolver o senso de equipe como força extra de atingimento de metas.
- Habilitar os participantes, técnica e comportamentalmente, a lidar com diferentes perfis psicológicos.
- Investir no desenvolvimento pessoal e profissional.
- Desenvolver a autoestima, aumentar a autoconfiança e promover o fortalecimento da identidade.

Princípios desses exercícios, conforme estruturado por Harbans Lal Arora, indiano, nacionalizado brasileiro, Ph.D. em Física Quântica, professor universitário, consultor de empresas e palestrante físico. O Professor Harbans disse que era uma homenagem aos brasileiros por se tratar de sua bebida predileta: **CAFÉ**.

Ciência: Construtivismo, Psicologia Cognitiva e Junguiana, PNL (terceira geração), Física Quântica, Teoria das Múltiplas Inteligências e Neurociências.

Arte: Criatividade, Música, Dança, Jogos Teatrais.

Filosofia: Oriental (toda e qualquer que afirme que nosso maior manancial de sabedoria está no inconsciente, sem que isso implique qualquer misticismo), Holismo e Maiêutica Socrática.

Espiritualidade (acentuada): Solidariedade e o princípio de que somos muito mais do que corpos que agem e cabeças que pensam.

PROPOSTAS QUE FAÇO NO INÍCIO PARA UM BOM TRABALHO EM GRUPO

- Nenhuma decisão sem votação.
- Uso da palavra negociada e com tempo determinado.
- Conversa paralela em tom de confissão.
- Dificuldades equilibradas pela ajuda mútua.
- Perguntas e depoimentos com chamada nominal.
- Não vale se desculpar, se diminuir ou se justificar.
- E o mais importante: EN (dentro) TUSI (Theusi = Deus) ASMO (Plasmar, dar forma, conduzir).
- Acima de tudo, profundo respeito pelo outro e por:
  - Suas ideias.
  - Seus valores.
  - Seu tempo.

CRAZY MAMA

Também tomei contato com essa atividade pela primeira vez com Eduardo Carmello. Creio que ele a estruturou para começar a ensinar dança de salão no mais primário de seus saberes: ajustar-se ao parceiro. Pensem nisso. Quanto vocês desejam que os participantes se "ajustem" uns aos outros? Como se fosse "dançar" um estilo qualquer de música sem "pisar nos pés" uns dos outros. Pense nisso metafórica e figurativamente...

Achei absolutamente encantadora a forma como o Edu envolvia os participantes, até os mais reticentes, por meio de uma atuação segura, porém leve; flexível, porém incisiva; sorridente mas sem deixar margem a dúvida sobre a validade e a seriedade do exercício. Qualidade rara essa, não?

O fato é que, rapidamente, as pessoas se envolvem. Principalmente se utilizarmos alguns artifícios que mencionarei logo após a descrição da atividade.

OBJETIVOS

1. Como o próprio título já diz, integrar e aquecer. Os princípios são os mesmos do jogo do "123" apresentado anteriormente, porém com maior intensidade de contato e aproximação e, como consequência, melhor qualidade de integração e descontração.
2. Como meu trabalho está intimamente ligado aos princípios da Neurolinguística (a chamada PNL de terceira geração), este exercício também trabalha o *Rapport* (estabelecimento de relações harmoniosas e empáticas entre as pessoas).
3. Todas as atividades foram "desenhadas" como ferramentas de gerenciamento do estresse.
4. Neste exercício, como o foco de atenção está na consigna de formar um par o mais rápido possível, manter o clima e acompanhar o pé direito do par, **as pessoas não se dão conta de que estão interagindo com todo mundo**. Com a atenção e a concentração voltadas para os comandos

e a necessidade de pertencer, fazer parte do jogo (necessidade social, segundo Maslow, das mais poderosas), os participantes se escolhem por proximidade física e geográfica, derrubando, inconscientemente, as barreiras sociais, econômicas e/ou culturais que, porventura, venham a existir no grupo.

5. Certifique-se de que todas as pessoas tenham pares e, então, chame a atenção do grupo para este fato. É conveniente que elas tenham consciência de que, se não conseguiram encontrar um(a) parceiro(a), é interessante que aumentem seu grau de **atenção, concentração** e **agilidade** (rapidez) física e mental. Portanto, o exercício pode servir, também, como um instrumento de diagnóstico acerca de como esses três fatores, muito valiosos para o gerenciamento da produtividade e da qualidade, estavam antes do exercício e de como ficaram após a atividade.

6. Mais uma vez, estamos falando de inteligência intrapessoal (quão ágil, descontraído, atento e concentrado eu estou) e interpessoal (na interação e na troca com o grupo).

Consigna

1. Esclarecer sobre os principais objetivos do exercício (integração, aquecimento, atenção, concentração e reflexo).
2. Andar pela sala, formando várias duplas.
3. Observe três regras:

   - Manter o pé direito sincronizado com o de seu/sua parceiro(a).
   - Andar no clima da música, sorrindo.
   - A cada comando de *"troca"*, escolher, o *mais rápido possível*, outra pessoa para continuar o exercício.

4. Eu vou ser o seu agente estressor. Vou fazer de tudo para você "perder o pé" (a sua atenção e a concentração) e você vai fazer de tudo para mantê-lo.

5. Posso, também, tentar desorientá-lo, pedindo que vocês caminhem para os lados ou para trás, o que deve ser feito com o máximo de reflexo e agilidade de que vocês se considerarem capazes. Ok?

RECURSOS

Faixa: Crazy Mama – Arrow (ou um *reggae* de ritmo ágil e animado).

Duração: 10 a 20 minutos, de acordo com o tamanho do grupo (esse exercício pode ser feito com qualquer número de pessoas).

Favorece muito a organicidade do exercício dar os comando no tempo da música. Por isso, escolho as de compasso quaternário. São mais fáceis de marcar.

No entanto, prefiro sempre começar o exercício sem a música até que eu tenha a certeza de que todas as regras e condições foram compreendidas, deixando um elemento surpresa, fundamental para a manutenção do interesse e da curiosidade, a meu favor. Portanto, só "solto" a música depois de "ensaiar" um tempinho com o grupo.

É nesse período de ensaio que aproveito para baixar possíveis resistências. Por exemplo, é comum os homens ficarem escolhendo quem eles querem como parceiros nas primeiras tentativas de troca. Grito "estátua" e peço que eles olhem em volta e constatem que as mulheres pegaram a primeira pessoa disponível e, por isso, já estão com seus respectivos pares. Os homens ficam escolhendo... Consequência: Só sobram homens para os homens...

Geralmente eles riem muito dessa observação (absolutamente verdadeira) e param de ficar escolhendo. Aí, começamos a alcançar nosso quarto objetivo.

Outra coisa importante a fazer é trocar os comandos o maior número possível de vezes e com brevidade. Caso contrário, não treinaremos reflexo (menor tempo possível entre o estímulo e a resposta).

Também posso usar essa atividade para fazer divisão em subgrupos de trabalho e garantir que será aleatória (desfazer panelinhas).

Simplesmente incluo nos comandos rápidos:

—Caminhando em trios.

– Quartetos.

– Quintetos.

– Sextetos.

– Dez a dez, ou quantos sejam necessários em um subgrupo. Lembrem-se de que a atenção deles está em manter o pé direito sincronizado com o dos demais. Congelo no número que quero e aí está: um grupo novinho em folha – e aleatoriamente composto – do modo que eu queria.

ALONGAMENTO

OBJETIVOS

– Continuar o processo de aquecimento do corpo.

– Trabalhar, simbolicamente, a conquista de espaço vital.

– Alongar o corpo e ampliar seus limites.

CONSIGNA

– De olhos fechados, descubra qual é o seu limite em todas as direções (para cima, para baixo, para os lados...); então, vá expandindo esses limites suave e lentamente, em movimentos redondos e contínuos, caminhando pela sala como se você fosse o vento. Mas não uma ventania. Uma suave brisa, que, mesmo quando encontra flores em seu caminho, em vez de considerá-las como obstáculos, passa por elas numa suave carícia e continua seu caminho. Desse modo, se você encontrar outra pessoa durante sua busca, seu toque poderá também se transformar em uma suave carícia e você poderá continuar seu movimento sem ferir ninguém.

TEMPO

– Cinco minutos.

ALTERNATIVAS DE MÚSICAS:

– Cristal, Oswaldo Montenegro, CD Noturno.

– Na Escuridão, Oswaldo Montenegro, CD Noturno.

– *Elegy*, Jethro Tull, CD The London Symphony Orchestra.

CUIDADOS PARTICULARES COM ESTE EXERCÍCIO

Trata-se de uma adaptação de exercício da Biodanza, portanto não serve para qualquer público. Exige muita inteligência emocional, maturidade psicológica e emocional e alto grau de comprometimento.

Só utilizo essa atividade, belíssima e muito prazerosa por sinal, com grupos que já trabalham junto há algum tempo ou quando percebo alto grau de envolvimento e entrega entre os participantes.

OFICINA DAS FONTES

Eu amo este exercício! Ele só tem me trazido resultados excelentes a cada aplicação. Utilizo sempre para grupos que estão "doentes" da relação. Eu o colhi, como uma fruta, no Almanaque CENAP, em Recife/PE.

Sabem, as pessoas não desgostam umas das outras. Elas desgostam do que pensam da outra. Mas elas não sabem disso. Pensam que eu sou o que faço. O que faço é um comportamento meu. E, sendo meu, ele pertence a mim. Eu não pertenço a ele. **Eu não sou ele! Eu sou muito mais do que ele!**

Eu uso mais este exercício para lembrar às pessoas de como elas são lindas e, também, lembrar isso aos outros.

É fundamental identificar e reconhecer as fontes de cada pessoa, personalizando essa construção.

O trabalho com as fontes refere-se ao resgate cultural das pessoas na relação com o seu meio: raízes, influências, referências; o processo de formação de cada um(a).

Esse resgate tem-se mostrado um caminho interessante para promover a regeneração dos sujeitos, pois mobiliza, em diversos níveis e aspectos, a reconciliação das pessoas consigo mesmas e com sua própria história.

Fazer esse processo em grupo permite a cada um(a), além de reconhecer as suas fontes de aprendizagem da vida, reciclar-se nas fontes de outras pessoas.

Algumas questões que podem nortear a pesquisa das fontes:
- Quem me ajudou a olhar o mundo?
- Quem e o que vem me formando?
- E eu? Sou fonte para quem?

Fonte:

Lugar onde se mata a sede, onde se batiza – origem, causa, procedência, proveniência, nascente – energia, alimento – ponto ou região em que um fluido penetra em um sistema – região através da qual há um fluxo de um fluido do exterior para o interior de um sistema (Física) – fonte luminosa, cuja brilhância é constante em todas as direções em que ela irradia.

FONTES

...exposições, filmes, poesias, músicas, livros, lugares, espaços/ambientes e, acima de tudo, GENTE!...

Peça às pessoas que formem trios. Se você tiver tempo suficiente, prefira quintetos. Quanto mais gente ouvir sobre as fontes de cada um, melhor para a integração qualitativa do grupo.

Gosto de chamar a atenção das pessoas para uma parte da letra da música que vou utilizar para cronometrar o tempo (embora isso seja feito mais de forma orgânica – tempo de cada um – do que cronológica).

A música é do Gonzaguinha: "Caminhos do Coração".

O trecho da letra que destaco é:

"Toda pessoa sempre é as marcas das lições diárias de outras tantas pessoas.
E é tão bonito quando a gente entende que a gente é tanta gente onde quer que a gente vá.
É tão bonito quando a gente sente que nunca está sozinho por mais que pense estar".

O mote deste exercício é **reconhecer(-se) (n)as fontes**.

BICICLETA

FONTE
Eduardo Carmello (Sim. De novo.)

RECURSOS
Nenhum.

TEMPO
Variável (média = 30 minutos).

NÚMERO MÍNIMO DE PARTICIPANTES
Trinta.

NÚMERO MÁXIMO DE PARTICIPANTES
Indiferente. De fato, quanto mais, melhor.

ORGANIZAÇÃO
1. Delimitar quatro espaços onde ficarão as "estações de rádio".
2. Dividir o grupo em quatro subgrupos, um para cada estação.
3. Treinar o primeiro subgrupo da estação "Tum tum, tuduntum".

    Dica: Associe um movimento rítmico ao som para favorecer a qualidade e o acompanhamento.

    Bater o pé no chão ajuda. Gingar também ajuda.

4. Treinar o segundo subgrupo da estação "Tchá".
5. Treinar os primeiro e segundo grupos juntos.

    Dica: Lembre-se de estabelecer convenções como:
    - Indicadores para cima significam "Atenção! Você será solicitado a qualquer momento".
    - Mão direita na sua direção significa "Comece".

- Girar a mão significa "Continue. Vou me distanciar de você".
- Fechar as mãos significa "Pare imediatamente".

6. Treinar o terceiro grupo da estação "Cuidado para não cair" e "Cuidado para não esquecer".

   Dica: Aquela palma que nós batemos é para marcar um tempo em silêncio que a maioria perde. Além disso, ela dá um charme a mais na execução da música que, aliás, é do Jorge Benjor. Mantenha a palma.

7. Treinar o quarto e último grupo da estação "da bicicleta" e "o guarda-chuva".

   Dica: Aqui há mais um tempo em silêncio. Você pode marcá-lo com a mão mesmo.

8. Treine os grupos três e quatro juntos, intercalando as falas.

9. Treine os quatro grupos, iniciando sempre com o coração da música, o pulso, que é o "Tum tum", a seguir dispare o Tchá. Vá para o "cuidado pra não cair" e imediatamente para "da bicicleta". Volte para o "cuidado para não esquecer" e finalize com "o guarda-chuva".

10. Hora de fazer o rodízio (*job rotation*). A música é de Naná Vasconcelos:
    - Daqui pra lá, de lá pra cá.
    - Daqui pra lá, de lá pra.

    Dicas: Faça qualquer coisa que ancore a memória de que o segundo "cá" deve ser suprimido porque é nesse momento que o grupo que assumiu a estação."Tum tum" deve iniciar.

    - Treine tantas vezes quanto achar necessário o rodízio e a execução da música antes de fazer para valer ou você perderá a celebração (motivação) legitimada pela qualidade e, principalmente, pela percepção de qualidade pelo grupo.

11. Inicie e faça quatro rodízios, isto é, todos passarão por todas as estações.

Fatores de Desenvolvimento neste Exercício

1. Sensibilizar para o fato de que o *job rotation* (rodízio de funções), não é um bicho-de-sete-cabeças e pode ser interessante, inclusive para torná-las pessoas plurais, isto é, multifuncionais, agregando valor a seus currículos.

2. Demonstrar que, para ter sucesso, uma empreitada em grupo requer das pessoas:
   - Disponibilidade.
   - Atenção.
   - Concentração.
   - Querer.
   - Confiança no líder.
   - Flexibilidade.
   - Ter objetivo.
   - Planejamento (orientado).
   - Envolvimento.
   - Sabedoria (fazer).
   - Clareza.
   - Tempo.
   - Atitude.
   - Integração (acompanhado de outros exercícios específicos).

3. E que não é verdade que é difícil conseguir tudo isso de um grupo desde que, antes de qualquer outra coisa, ele QUEIRA!

Euthonia

Objetivos

1. Retomar a posição de relaxamento original dos músculos, combatendo o estresse.
2. Trabalhar de forma mais intensa a percepção do ritmo do outro em relação à minha.
3. Perceber a beleza que há em fazer com arte (qualidade).

4. Mostrar que é possível respeitar e acompanhar o ritmo de outra pessoa, mesmo que ele seja diferente do nosso, sem que isso implique prejuízo para nós.

Consigna

1. Dois a dois, apenas com os dedos indicadores se tocando, desenvolvam movimentos bem redondos, contínuos e suaves, como nos exercícios anteriores.
2. Continuem percebendo o ritmo do outro, e, se vocês sentirem que desejam AMBOS aumentar este ritmo, façam-no. Se perderem o contato, retomem num ritmo mais lento até sincronizarem.
3. Os olhos acompanham o movimento ora do dedo direito, ora do esquerdo.
4. Pode se movimentar pela sala.

Recursos

Qualquer música muito suave e agradável.

Chart

Esse é um exercício que integra os dois hemisférios cerebrais e todo exercício dessa natureza pode ajudá-lo(a) a:

— Ficar mais centrado(a).

— Ficar menos estressado(a).

— Ter melhor coordenação.

— Ativar a capacidade de aprendizagem, tornando-a mais fácil e natural.

Este, particularmente, conta a lenda, foi criado pelos cientistas da NASA para os astronautas em exercício ou embarque no módulo de lançamento para:

— Ativar e alinhar os canais de processamento de informações.

— Dar um "Clear" na tela mental, organizando as ideias.

- Quebrar estados psicológicos negativos.
- Tirar do estado de aprendizagem passiva para aprendizagem ativa.

A	B	C	D	E
D	E	J	E	D
F	G	H	I	J
E	J	D	D	J
K	L	M	N	O
D	E	E	J	J
P	Q	R	S	T
D	J	J	D	D
U	V	X	Y	Z
E	D	J	E	D

Para fazer o Chart, cole-o na parede ou peça a alguém que o segure para você.

Leia as letras do alfabeto em voz alta.

Movimente o lado direito do corpo (levantar braço e perna direitos) sempre que a letra D aparecer abaixo de uma letra do alfabeto.

Movimente o lado esquerdo do corpo (levantar braço e perna esquerdos) sempre que a letra E aparecer abaixo de uma letra do alfabeto.

Movimente os dois lados do corpo (levantar braços e flexionar pernas) sempre que a letra J aparecer abaixo de uma letra do alfabeto.

Faça isso de A a Y. Caso você erre alguma letra (ordem sequencial) ou movimento, apenas reinicie desde o A.

Para sair de estados de confusão ou de "travamento" da fluência mental/verbal, o ideal é fazer ininterruptamente por 20 minutos.

Você não deve decorar a sequência. Caso isso aconteça, leia por colunas (A, F, K, P, U etc.), ou comece do Z. Pode ainda ser lido em diagonais de cima para baixo ou de baixo para cima.

COMPOSIÇÃO DE ESTÁTUA

Criado por Eduardo Carmello (o quê? Você achou que tinha acabado? Você não conhece o Edu...).

OBJETIVOS

Um dos exercícios mais poderosos em termos de impacto no grupo e dos que melhores *feedbacks* e analogias obtêm do grupo. Por isso mesmo, seu principal objetivo é trabalhar a importância de compor tarefas e responsabilidades com os demais membros de uma equipe, sem tentar modificá-los. Partindo de onde o outro já está, integrar-se com ele, usando a criatividade, a flexibilidade e a predisposição para mudanças rápidas.

É muito importante a consigna neste exercício. Se alguém tentar mudar a estátua do seu(sua) parceiro(a), poderá estar demonstrando inconscientemente sua tendência a conduzir, mas também sua dificuldade em perceber, aceitar e, às vezes até, respeitar o modo de ser da outra pessoa. Portanto, este exercício, quando bem observado e explorado, permite um diagnóstico de situação, monitoramento das relações e/ou percepção de características de personalidade ligadas a estilos de liderança (em seleção de pessoal, por exemplo).

É, por excelência, um exercício de reflexo, percepção, flexibilidade, criatividade e mudança por suas características de agilidade, imprevisibilidade, liberdade total para criar, decidir e aplicar essas decisões. É claro que tudo isso acontece numa fração de segundo, o que ainda favorece a agilidade na tomada de decisões.

Para entender todas estas colocações, é fundamental esclarecer que esse trabalho se baseia nas mais recentes descobertas sobre o funcionamento do cérebro e da mente: O cérebro aprende por generalização, omissão e distorção. Uma vez que ele desenvolva uma estratégia em dada circunstância, não irá aprender novamente (por exemplo: dirigir carros, abrir e fechar portas, acender e apagar luzes etc.), apenas transferirá a estratégia aprendida para quaisquer circunstâncias similares com as quais se depare e em quaisquer áreas de vida.

CONSIGNA

Explicar a finalidade do exercício (é útil e importante "alimentar" o hemisfério esquerdo de informação para que ele "libere" o direito para "brincar").

Juntem-se em pares.

Uma pessoa da dupla fará uma estátua.

A outra observará por milésimos de segundo e, o mais rápido possível, vai compor uma nova estátua SEM MODIFICAR A POSIÇÃO DE SEU/SUA PARCEIRO(A).

Para que a 1ª pessoa que fez a estátua saiba que o(a) parceiro(a) está pronto(a), este(a) o(a) tocará levemente.

No exato momento em que tocar o(a) parceiro(a), "congelará" em forma de estátua, ficando assim até ser tocado(a) pelo(a) parceiro(a) que sairá de sua posição anterior para compor uma nova com você.

Ao se sentir tocada, a pessoa vai imediatamente desfazer, sair de sua posição para olhar, também rapidamente, a nova posição do(a) colega e compor uma nova estátua, e assim consecutivamente.

RECURSOS

Disco Beggar on a Beach of Gold – "Mike and the Mechanics".

Faixa: 5 – Over my Shoulder.

Duração: 10 minutos. Entre duração e consigna.

DINÂMICA: "CORRENTE DE NOMES E QUALIDADES"

É curioso como as pessoas dizem:

"Minha memória é fraca";

"Minha memória falha muito" ou, até mesmo,

"Não tenho memória".

Na verdade, quando as pessoas dizem essas coisas, o que elas deveriam dizer era que um ou mais dos três componentes da memória estava ausente, indisponível ou em outro lugar no momento em que a memória registrou os dados que, agora, a pessoa reclama de não conseguir recuperar.

Os três componentes da memória são:

— Concentração.

— Atenção.

— Observação.

Concentração é a capacidade que uma pessoa tem de manter sua atenção focada pelo máximo possível de tempo em um único estímulo.

Atenção e observação são comumente usados como sinônimos, mas são exatamente opostos um ao outro.

Quando dizemos a alguém, ou a nós mesmos, ou quando alguém nos diz "Preste atenção" nosso Sistema Nervoso Central fecha nossa visão periférica num foco absoluto e exclusivo naquilo para o que foi evocada, não percebendo conscientemente mais nada à sua volta.

Já quando dizemos "Observe isso" o sistema nervoso periférico expande a visão de 180 graus e assimila o maior número possível de estímulos sem, porém, colocar foco em nada em particular.

Por isso, cuidado: quando disser a outra pessoa para prestar atenção, não será justo cobrá-la por não saber dar respostas sobre aspectos "marginais" ao foco solicitado.

Há uma história correndo pela Internet que se diz "Uma Lição de Gestão Diferenciada" e conta o caso de um funcionário que trabalhava em uma empresa há muitos anos. Funcionário sério, dedicado, cumpridor de suas obrigações e, por isso mesmo, já com seus 20 anos de casa. Um belo dia, ele procura o dono da empresa para fazer uma reclamação.

Uma Lição de Gestão Diferenciada

"Patrão, tenho trabalhado durante esses 20 anos em sua empresa com toda a dedicação, só que me sinto um tanto injustiçado. O Zé, que está conosco há somente três anos, está ganhando mais do que eu."

O patrão escuta atentamente e diz:

"João, foi muito bom você vir aqui. Antes de tocarmos nesse assunto, tenho um problema para resolver e gostaria da sua ajuda. Estou querendo dar frutas como sobremesa ao nosso pessoal após o almoço. Aqui na esquina tem uma quitanda. Por favor, vá até lá e verifique se eles têm abacaxi."

João, meio sem jeito, saiu da sala e foi cumprir a missão. Em cinco minutos estava de volta.

"E aí, João?"

"Verifiquei como o senhor mandou. O moço tem abacaxi."

"E quanto custa?"

"Isso eu não perguntei, não."

"Eles têm quantidade suficiente para atender a todos os funcionários?"

"Também não perguntei isso, não."

"Há alguma outra fruta que possa substituir o abacaxi?"

O patrão pegou o telefone e mandou chamar o Zé.

Deu a ele a mesma orientação que dera a João:

"Zé, estou querendo dar frutas como sobremesa ao nosso pessoal após o almoço. Aqui na esquina tem uma quitanda. Vá até lá e verifique se eles têm abacaxi, por favor."

Em oito minutos o Zé voltou.

"Eles têm abacaxi, sim, e em quantidade suficiente para todo o nosso pessoal; e se o senhor preferir, tem também laranja, banana e mamão. O abacaxi sendo vendido a R$ 1,50 cada; a banana e o mamão a R$ 1,00 o quilo; melão R$ 1,20 a unidade e a laranja a R$ 20,00 o cento, já descascada. Mas como eu disse que a compra seria em grande quantidade, eles darão um desconto de 15%. Aí aproveitei e já deixei reservado. Conforme o senhor decidir, volto lá e confirmo" — explicou Zé.

> Agradecendo as informações, o patrão dispensou-o para retornar ao trabalho.
>
> Voltou-se para o João, que permanecia sentado ao lado, e perguntou-lhe:
>
> "João, o que era mesmo que você estava me dizendo?"

Quando fazemos um pedido nominal, tendemos a gerar um estado de ATENÇÃO no ouvinte. Ok, então o Zé era super-hipermega-blaster proativo. Legal! Mas nem por isso o João é um "banana" (desculpem o trocadilho besta). Aliás, deve ser por causa dessa condição neurológica que tem tantos "João" e tão poucos "Zés".

Em todo caso, o propósito desse exercício também é treinar os três componentes da memória: Atenção, Concentração e Observação.

Objetivo

Promover a integração e o aquecimento do grupo para os trabalhos do dia.

Procedimento

Formar um círculo. O focalizador solicita que um participante inicie o jogo dizendo o seu nome e uma qualidade pessoal que inicie com a 1ª letra do nome. Ex.: João Jovial.

O focalizador define com os participantes em que ordem sequencial se darão as apresentações (sentido horário ou anti-horário). O 2º que se apresentar deverá repetir o nome e a qualidade do 1º e, em seguida, dizer seu nome e qualidade. O 3º repete o 1º e o 2º e só depois diz o seu, e assim sucessivamente até o último.

A cada cinco pessoas, pedir a todos os que já falaram seus nomes que troquem de lugar. Não queremos "decorebas", não é mesmo? Queremos memória da melhor qualidade!

Observação:

a) Como a tônica é cooperativa, pode-se ajudar o colega, desde que seja aproveitando para ajudá-lo a desenvolver sua capacidade de fazer conexões e associações através de enigmas, charadas e mímicas.

b) Ajuda a gravar os nomes a questão de colocar a qualidade e fica ainda mais fácil se a apresentação estiver associada com um pequeno movimento ou mudança no tom de voz.

Comentários em plenária:

a) O "branco" ao esquecer os nomes pode estar associado ao estresse ou com a cultura do "medo de errar".

b) Muitas vezes o participante consegue falar o nome de todas as pessoas que o antecederam e esquece de se apresentar, porque a tarefa (objetivo fixado por ele) era lembrar os outros nomes, assim ele percebe a parte da tarefa de falar os nomes como mais desafiadora. Um desafio, uma vez cumprido, libera a mente para o relaxamento, então deixa de se preocupar com o seu nome (pois é o conhecido) e assim comete a falha de não se incluir. Aproveite para falar sobre boa formulação de objetivos.

Um comentário de um grupo de multiplicadores que reproduziu o exercício em sua empresa:
Utilizamos esta dinâmica já algumas vezes. O resultado foi sempre positivo, pois é de fácil aplicação e atende perfeitamente ao objetivo proposto.

EXERCÍCIOS DE VÁRIAS ATENÇÕES

OBJETIVOS

— Recuperar reflexos (agilidade física e mental) para a solução rápida de problemas.

— Ampliar percepções.

— Ensinar ao cérebro, por analogia, estratégias de busca rápida de recursos e respostas direto do inconsciente. Na medida em que o consciente fica sobrecarregado de comandos e informações e "trava", o inconsciente emerge (segundo a Neurociência: um organismo não pode não responder a um estímulo), trazendo as respostas tal e qual elas foram recebidas pela percepção e registradas na mente subconsciente.

— Estimular a quarta função da psiquê: a intuição. (As outras três são: Sensação que me diz que uma coisa existe; o Pensamento que me diz o que essa coisa é; a Emoção ou Sentimento que me diz o que essa coisa representa para mim. A intuição é justamente, segundo Carl Gustav Jung, a única função capaz de fazer tudo isso de uma única vez.)
— Perder o medo de errar, de arriscar tentativas novas através de atividades lúdicas que não oferecem riscos nem ameaçam ou abalam a autoestima ou a autoconfiança.
— Aquecer e integrar o grupo.
— Começar a ensinar o cérebro, também por analogia, a conhecer e dominar o ambiente e tudo que o cerca, como forma de estar preparado para oferecer respostas ágeis e assertivas.
— Desenvolver e exercitar estratégias de flexibilidade e predisposição para mudanças.
— Prevenir e combater o estresse.
— Fixar nomes.

Consigna

— Vamos caminhar pela sala, mudando de direção o maior número possível de vezes.
— Ocupando todo e qualquer espaço vazio na sala.
— Ao mesmo tempo, procurando prestar atenção a todos os detalhes da sala.
— Quando eu disser ESTÁTUA! pare onde e como você estiver, feche os olhos e responda à minha pergunta o mais rápido que puder.

(Faça perguntas como: Quantas portas há na sala? Quantas cortinas? Quantas lâmpadas? Quantas cadeiras? E assim por diante. As perguntas têm que ser feitas com a mesma rapidez que se espera das respostas — trabalhe com o contágio e seja você mesmo(a) o modelo — e o grupo deve ser lembrado de que qualquer resposta, por mais absurda que seja, é melhor do que nenhuma e, além disso, convém lembrar também que uma resposta diferente da que seria a mais conveniente não altera em nada a vida da pessoa, então ela pode arriscar, porque não tem nada a perder, mas muito a ganhar se conseguir dar respostas rápidas.)

Agora observe as pessoas que estão na sala. Todos os detalhes de suas roupas e acessórios, cores, tipos, formas, especificidades; observe seus rostos, cabelos, se houver alguém na sala que você não conhecia ou com quem convive pouco, dê mais atenção a ela.

(Aqui as perguntas mantêm o padrão anterior: Qual o desenho na camiseta do João? O que está escrito na camiseta da Maria? Aponte para uma pessoa de calça roxa. Aponte para alguém de lenço no pescoço. De olhos fechados, corra na direção do José etc.)

Quando eu disser o número 1, todo mundo faz pontaria e atira:
— Pá!
No número 2: Um pulo e um grito de gol!
No 3: Um espirro! Ou andar de costas ou abaixar e levantar etc. (Qualquer coisa, desde que possibilite uma resposta rápida.)
No 4: Uma estátua!
No 5: Cai no chão.
Quando eu disser a letra X: bata palmas.

(Aqui vá alternando rapidamente os comandos e use sua criatividade. Misture números e letras para os comandos. É fundamental NUNCA repetir os mesmos comandos nas aulas seguintes para o mesmo grupo de participantes. O objetivo é resgatar o reflexo e a intuição, não condicionar as pessoas a responderem certo aos mesmos comandos.)

Quando começar uma música, façam todo e qualquer movimento que eu fizer, até eu chamar outra pessoa pelo nome que passará, então, a ser seguida pelo grupo.

(Alterne o "Mestre" a ser seguido o maior número possível de vezes durante a música.)

Tempo

Aproximadamente 30 minutos (esse tempo é 100% adaptável a quaisquer disponibilidades. Pode-se ficar mais ou menos tempo, de acordo com as possibilidades da carga horária).

Música

Satisfaction/Rainha da Noite — Edson Cordeiro (ou qualquer outra bem agitada).

Ímã

Objetivos

— Sair da zona de conforto, predispondo-se para mudanças.

— Trabalhar aspectos de liderança.

— Desenvolver flexibilidade e criatividade.

— Aquecer e integrar o grupo.

— Prevenir e combater estresse (é uma das atividades mais divertidas do módulo).

Consigna

— Escolha um par.

— Fiquem de frente.

— Um dos dois (o que for mais rápido quando a música começar) vai colocar a palma da mão na frente do rosto do colega e conduzi-lo, como se fosse um ímã, para que ele faça o maior número possível de movimentos que nunca fez.

— O par vai seguir a palma da mão, mantendo sempre um palmo de distância entre a palma do colega e seu rosto.
— A pessoa que estiver conduzindo vai tomar o máximo de cuidado para que o colega que está seguindo a palma da mão, e não pode ver mais nada, não se machuque.
— Quando a música acabar, troquem os papéis: quem estava conduzindo passa a ser conduzido.

TEMPO
Cinco minutos.

MÚSICA
Piruetas – Chico Buarque e Os Trapalhões (já tentamos outras infantis e bem animadas, mas não surtiram o mesmo efeito).

9
Atividades que Fortalecem Times/Equipes

DESCRIÇÃO DO JOGO "A FÁBRICA COOPERATIVA"

Nas duas fotos abixo, o grupo está realizando um jogo chamado "A Fábrica Cooperativa", utilizado num programa denominado "TAI Fá: Desenvolvendo Equipes com Alta Estratégia" também para sensibilizar os participantes para questões sobre Saúde e Segurança no Trabalho. Ele é ainda utilizado no Programa: *"Segurança no Trabalho: A felicidade consiste em dar valor ao que se tem antes que se perca"*. Afinal, suprimindo sentidos e recursos, as pessoas tendem a adquirir consciência de sua importância.

Figura 9.1 – Jogo "A Fábrica Cooperativa".

CONDIÇÕES DOS PARTICIPANTES EM CADA SUBGRUPO DE SEIS PESSOAS, APROXIMADAMENTE:

— Dois vendados.
— Dois amordaçados.

— Dois surdos (às vezes, usamos até um *walkman* ou um *diskman* para garantir que não ouçam o que se passa à sua volta) que não podem tocar nem nas peças (letras) nem nos colegas (veja na Figura 9.1) que dois participantes de grupos diferentes tocaram nas peças. Nesse caso, o grupo é multado e a pessoa é amarrada, pelos braços à cadeira).

OBJETIVO

A missão é ajudarem uns aos outros, criando laços pela complementaridade, para produzir o maior número possível de palavras que representem objetos para vender no mercado (o papel do cliente é exercido pelo facilitador) no tempo máximo de 30 minutos.

MATERIAL NECESSÁRIO

— Vendas para os olhos e para a boca, sendo necessário, ainda, amarrar os braços.
— Letras coloridas.
— Protetores auriculares internos e externos.
— *Walkman* ou *diskman* com fone de ouvido (opcional).

PROCESSAMENTO

(Que, na verdade, é padrão para todos os jogos que fazemos.)

— Como se sentiram durante o jogo? Como gerenciaram a ansiedade e outras questões emocionais emergentes nessa situação? Como seria não ter mesmo os membros ou sentidos que não puderam usar? Esse é o momento para fazer as associações com o tema Segurança. A maioria das pessoas que se acidentam no trabalho, na verdade, não dá valor aos seus membros e sentidos, por isso os perdem. Homens, particularmente, acham que capacetes, botas, óculos e luvas de proteção são "coisa de mulher" e só colocam se forem obrigados pela equipe de Segurança do Trabalho.

— O que facilitou e o que dificultou a realização da tarefa? Como superaram os problemas e as dificuldades de comunicação? Como combinaram as competências e as habilidades de cada membro do grupo? Alguém ficou sobrecarregado? Alguém ficou ocioso ou foi esquecido? Preocuparam-se em pesquisar junto ao cliente se havia preferências que poderiam valorizar ou desqualificar o produto? Como lidaram com as questões de qualidade?

— Como os acontecimentos durante o jogo se assemelham às situações do dia a dia? O que essas dificuldades têm em comum com seu trabalho? Que estratégias podem ser transferidas para a organização, favorecendo resultados, portanto produtividade, e melhorando a qualidade de vida e o clima organizacional?

— Que comportamentos, atitudes e padrões pretendem mudar com base nas percepções que tiveram durante o jogo?

DINÂMICA DA CADEIRA VAZIA

OBJETIVOS
— Ativação do grupo.
— Aquecimento.
— Ampliação da percepção.
— Recuperação do reflexo.
— Treinamento dos componentes da memória (atenção, concentração e observação).

MATERIAL PARA CERCA DE 30 PESSOAS
— Vendas.
— Corda/tira de tecido para amarrar as pessoas.
— Tiras de pano/lenços para amordaçar.
— Número de cadeiras igual ao de pessoas existentes no grupo mais uma (vazia), de preferência *sem* braços.

PROCEDIMENTO

Formar um círculo com uma quantidade de cadeiras igual ao número de participantes + uma cadeira, sem deixar espaço entre elas.

A dinâmica do jogo é explicada a seguir. A cadeira vazia deve ser ocupada pelo participante que estiver à direita ou à esquerda da dela, o mais rápido possível. O participante que conseguir se sentar diz: "Eu sentei". Sobra, então, uma nova cadeira vazia que será ocupada pela pessoa que estava ao lado do primeiro participante a se movimentar.

Esse, ao sentar, diz: "No jardim". Na sequência, sobra outra cadeira livre que será ocupada pelo participante que estava ao lado daquele que se movimentou. Esse, por sua vez, completa a frase dizendo: "Com meu amigo..." (nome + qualidade), encerrando um ciclo do jogo (deve ser chamada, aleatoriamente, qualquer pessoa do círculo, que se sentará na cadeira vazia).

Dessa forma, sobra a cadeira dessa pessoa, que possibilita o início de um novo ciclo: "eu sentei", "no jardim", "com meu amigo fulano fabuloso".

Observação: Todos os movimentos devem ser velozes.

INCREMENTAÇÃO DO JOGO

- Após algumas jogadas, o condutor sai da roda, deixando duas cadeiras vazias.
- Paulatinamente, pessoas são vendadas; outras amordaçadas e outras amarradas umas às outras, pelo pulso (em duplas), com a orientação de que se tornem uma só pessoa, ocupando uma só cadeira.

Observação: Em um grupo de 30 pessoas, o ideal é ter: cinco cegos, três a quatro mudos e duas duplas amarradas.

É possível ainda explorar:
- Senso de oportunidade.
- Tomada de decisão.
- Iniciativa.
- Criatividade.
- Cooperação.

— Potencialização de competência (com relação, por exemplo, aos que ficaram cegos, mudos ou em duplas).

COMENTÁRIOS EM PLENÁRIO

A gritaria dos participantes demonstra o nível de energia represada. O nosso QI é suficiente para entender e reproduzir as regras do jogo. O que "dá branco" é o QE, por conta do estresse.

Pode-se explorar, também, o fato de que, muitas vezes, insistimos em dar uma mesma resposta e isso não significará a solução (por exemplo, cega cutuca a muda para falar e a muda aponta para sua boca, esquecendo que a outra pessoa, por estar cega, não pode ver).

COMENTÁRIO DE UM GRUPO DE MULTIPLICADORES

Utilizamos essa dinâmica com grupos de 18 a 30 pessoas. Em todos os casos, a dinâmica permitiu a ativação e o aquecimento dos grupos, além de uma breve exploração de conteúdos. Em uma das vezes, as cadeiras disponíveis tinham "braço", e isso não interferiu na atividade (só alertamos para o cuidado na hora da troca de lugar).

DANÇA DAS CADEIRAS COOPERATIVA

No jogo tradicional, o objetivo é mutuamente exclusivo, ou seja, apenas um dos participantes pode sair vitorioso, ao passo que todos os outros terminarão como perdedores.

Provavelmente, você já viu alguém ficar de fora nesse tipo de jogo.

É difícil as pessoas sentirem que estão realmente envolvidas umas com as outras em atividades com esse espírito. Este é um jogo que estimula a eliminação e a competição.

Criando pequenas mudanças no objetivo e na estrutura do jogo, podemos gerar um tipo de desafio capaz de motivar cada participante e todo o grupo para jogar uns com os outros e realizar juntos um objetivo comum.

Primeiro, propomos o objetivo comum: terminar o jogo com todos os participantes sentados!

Claro que não vale sentar no chão nem nas cadeiras que forem saindo a cada pausa da música.

Depois, mexemos na estrutura da atividade: quando a música parar, todos sentam usando as cadeiras e os colos uns dos outros. Em seguida, retiramos algumas cadeiras. E todos os participantes continuam no jogo.

Assim, o jogo prossegue até que todas as cadeiras se acabem.

Na maior parte das vezes, os grupos avançam até conseguirem sentar se utilizando somente do corpo de seus parceiros.

Nesse processo, os participantes vão percebendo que podem se liberar dos velhos, desnecessários e bloqueadores "padrões competitivos". À medida que se desprendem dos antigos hábitos, passam a resgatar e a fortalecer a expressão do "potencial cooperativo" para jogar e viver.

SUBGRUPOS

Formas criativas, divertidas e cooperativas de separar subgrupos e fazer com que as pessoas interajam com mais pessoas e entrem em contato com outras fora de seu círculo habitual.

QUALQUER NÚMERO DE PESSOAS NOS SUBGRUPOS

Colocar no centro de uma roda um número de pessoas que corresponda ao número de subgrupos que se deseja; cada uma segura uma bola de olhos vendados; "embaralhar" as pessoas que ficaram na roda e espalhá-las pela sala; pedir que as pessoas espalhadas pela sala escolham um som que atraia a atenção dos "cegos"; quando um cego chegar na pessoa que fez o som, ela fecha os olhos, toca na bola e ambos vão procurar outro som até que os subgrupos estejam formados.

— Pessoas que calcem o mesmo número de sapato.
— Pessoas com o mesmo número de letras no nome.
— Pessoas com o mesmo número de filhos.
— Pessoas com o mesmo comprimento de cabelo.
— Pessoas que têm a mesma altura.
— Pessoas com a mesma idade.
— Pessoas que nasceram no mesmo mês, bimestre, trimestre, semestre.

Dois GRUPOS

Dias pares ou ímpares de nascimento.

Pessoas que nasceram no primeiro semestre com as que nasceram no segundo semestre.

Três GRUPOS

Em círculo; cada um fala A, B ou C/1, 2 ou 3.

Nascimentos de janeiro a abril/maio a agosto/setembro a dezembro.

Quatro GRUPOS

Nascimentos de janeiro a março/abril a junho/julho a setembro/outubro a dezembro.

Pegar o mais rapidamente possível em uma das quatro cores básicas e nomear os grupos por estas cores.

Seis GRUPOS

Pessoas que nasceram em janeiro/fevereiro; março/abril; maio/junho; julho/agosto; setembro/outubro; novembro/dezembro.

Nove GRUPOS

Soma dos números do dia de nascimento.

Doze GRUPOS

Pessoas que nasceram no mesmo mês.

O JOGO DO DICIONÁRIO

MATERIAL NECESSÁRIO
- Um dicionário.
- Folhas de papel.
- Lápis ou canetas.

Descrição

Um jogador pega o dicionário e escolhe uma palavra estranha e que ele acha que ninguém vai conhecer. Todos os jogadores escrevem, então, num pedaço de papel uma descrição para essa palavra que eles mesmos inventarão. Não precisa ser verdadeira, mas precisa parecer verdadeira!

Aquele que escolheu a palavra copia sua descrição em uma folha de papel. Ele recolhe, então, os papéis de todos e lê as descrições em voz alta, inclusive a verdadeira, mas sem dizer qual é qual. Agora, chegou a hora de votar. Os jogadores votarão na descrição que acreditam ser a verdadeira.

O jogo terá duas etapas: na primeira, você quer convencer/persuadir as pessoas de que a sua definição é a correta. Será, portanto, um exercício de criatividade, comunicação e persuasão. Na segunda, entretanto, você quer acertar a resposta. Vote naquela que você acredita ser a correta. Nesta etapa, você que fazer um exercício de ampliação do conhecimento e/ou do seu vocabulário.

Fiz uma adaptação desse jogo para um programa de integração onde as palavras eram termos de Tecnologia da Informação (TI). O objetivo era ensinar aos novos funcionários termos complexos de informática e suas funções/finalidades, reduzindo o número de chamadas ao *Help Desk*.

Cabo da Paz

Objetivos

- Estimular a participação de todos os componentes do grupo de forma cooperativa.
- Desenvolver o autocontrole para atuação em equipe.
- Perceber o que vem a ser "espírito de equipe".

Recursos

- Duas cordas do mesmo tamanho.
- Um saco plástico preto ou de qualquer outra cor opaca (não serve transparente).

— Bombons, balas ou qualquer outra prenda em igual número ao de participantes.

ESPAÇO

Bem amplo.

DESENVOLVIMENTO

— Dividir o grupo em duas equipes.

— Demarcar um círculo de, aproximadamente, 60 cm de diâmetro.

— Posicionar-se no centro do círculo (o focalizador).

— Propor às equipes que se posicionem uma à direita e outra à esquerda.

— Explicar que você tem um saco preso às duas cordas com uma surpresa para todos do grupo.

— A tarefa das equipes é puxar a corda até o saco arrebentar e liberar a surpresa no centro do círculo.

— Se a surpresa cair fora do círculo, todo o conteúdo do saco será do focalizador.

Esse jogo foi transformado por um pequeno grupo que participou de um "Centro de Interesses sobre Ludicidade" em curso realizado no Rio de Janeiro, em 6 de abril de 1996 (Marcelo P. Moura/Vera Lúcia P. Loureiro/Roberta C. Araújo e outros).

SUGESTÕES

— Percebemos ser esta atividade excelente para aplicação em fechamentos/encerramentos de eventos que tenham como foco: parceria, trabalho em equipe, importância da cooperação, criatividade e tomada de decisão.

— Para fortalecer a confraternização, seria interessante que cada prenda tivesse o nome do participante registrado e o grupo faria, então, a troca de presentes.

Dinâmica Cabo da Paz
(Com quatro ou sete "Raios"/grupos)

Objetivo
Finalizar a atividade, incentivando o espírito cooperativo em grandes grupos.

Preparação
— 1 saco grande com cerca de 3 kg de "guloseimas" (bombons, balas, chicletes), amarrado com fita de cetim (tipo "trouxinha").
— 4 cordas, de cerca de 1,5 m cada, amarradas em uma de suas extremidades ao saco, de forma a ficarem distribuídas como os raios de um sol.
— 1 círculo de fita crepe demarcado no chão, com diâmetro de, aproximadamente, 10 cm a mais do que o espaço ocupado pelo saco.

Procedimentos/Instruções
— Dividir a equipe, aleatoriamente, em quatro grupos (2 x 5 e 2 x 4).
— Pedir que cada grupo se coloque, em fila indiana, atrás de uma corda.
— Feito isso, pedir que cada grupo eleja um elemento, que será o único que poderá tocar a corda, e que deverá se colocar no primeiro lugar da fila.
— Prosseguir com as instruções:
"Dentro do saco há um tesouro. A tarefa é romper o saco, de forma que o que cair dentro do círculo demarcado pertence ao grupo, e o que cair fora pertence à coordenação".

Ao final, comentar (se houver tempo, explorar):
"A nossa mensagem final é de que, a despeito de no dia a dia pertencermos a equipes de trabalho diferentes, na verdade, a relação

entre essas equipes deve ser de cooperação, e nunca podemos perder de vista que o nosso objetivo é único. Se um de nós perde, perdemos todos; se um de nós ganha, ganhamos todos".

COMENTÁRIO DE UM GRUPO DE MULTIPLICADORES

Utilizamos esta dinâmica, inicialmente, em duas oportunidades: uma com quatro raios/grupos e outra com sete (quatro pessoas por grupo). Nossa intenção era fazer com que um maior número de pessoas pudesse participar de forma mais direta da atividade, quer puxando a corda, quer orientando o responsável. As duas aplicações foram um sucesso.

Mais recentemente, aplicamos novamente a dinâmica no fechamento de quatro turmas e, além do já conhecido sucesso da estratégia, surgiu, em uma das turmas, um componente diferente: eram quatro grupos, que após um rápido período de planejamento, decidiram formar, ao redor da marcação com fita crepe, uma "parede humana" (membros de cada equipe sentaram-se no chão, ao redor da marcação, de costas para o saco de guloseimas).

FOGUEIRINHA

Adaptado pela autora deste livro do exercício apresentado por Gisela Sartori Franco no curso de Pós-Graduação em Jogos Cooperativos na Universidade Mont Serrat em Santos/SP – 2000, este exercício é, talvez, um dos mais ricos e produtivos em termos de adequação de consciência, com os quais já trabalhei.

OBJETIVO

Montar uma fogueira de palitos de fósforo, utilizando a mão não dominante e de olhos vendados, sendo orientado por outro colega.

PROPÓSITO

1. Treinar comunicação proativa (na direção do resultado).
2. Praticar a liderança como um fazer-fazer em lugar de fazer pelo outro.
3. Diagnosticar a capacidade do grupo em receber e transmitir informações imparcialmente e de forma criativa, ágil e proativa.

4. Aprender a administrar emoções, sentimentos e sensações inconvenientes à prática do dia a dia.
5. Mostrar que é desafiador observar e descrever situações imparcialmente, apresentando os FATOS sem dar palpites no trabalho dos outros, mas que isso é fundamental para a qualidade das relações, para o desenvolvimento da pessoa que está orientando/fazendo e do próprio grupo.
6. Treinar a capacidade de deixar que o outro tome suas próprias decisões, tornando-o corresponsável e copartícipe em relação ao resultado.
7. Em programas de seleção, avaliar comportamentos e competências específicas dos candidatos.
8. Treinar atenção, concentração e agilidade física e mental.
9. Desenvolver a capacidade de trabalhar sob pressão, mostrando pelas diferentes reações a essa pressão que não é a realidade que estressa as pessoas, mas, sim, algumas pessoas que se estressam com as situações se não estiverem focadas no seu objetivo.
10. Em programas de sensibilização para segurança do trabalho, mostrar a dificuldade de adaptação à perda de um membro (braço, mão) ou sentido (visão, fala).
11. Também em programas de segurança sensibilizar para o fato de que é melhor prevenir, isto é, cuidar e dar valor ao que se tem antes que se perca.
12. Praticar a cooperação.
13. Mostrar a interdependência inevitável nos grupos, destacando que se podem criar laços pela complementaridade, isto é, em vez de tornar as diferenças um fator problemático, convertê-las em nossa principal força.

RECURSOS

1. Palitos de fósforo – seis para cada trio (os pequenos aumentam o grau de desafio).
2. Vendas para os olhos – uma para cada trio.
3. Cronômetro.
4. Folha de controle de trocas.

5. Uma "mordaça" para cada pessoa (por questões de higiene).
6. Crachás de identificação das três posições: executor, líder, auditor.
7. Tala para o braço dominante.
8. Três formas geométricas e/ou palavras diferentes passíveis de serem montadas em sobreposição com seis palitos de fósforo.

NÚMERO DE PARTICIPANTES

Melhor se for um número total que permita a formação de trios; o ideal é de, no máximo, 30 pessoas para um facilitador.

DURAÇÃO

De 40 a 50 minutos aproximadamente para a instrução e a execução do jogo. Levará mais ou menos tempo de acordo com o grau de participação. Desejo que suas aplicações durem horas. Isso significará muita consciência vindo à tona.

DESCRIÇÃO

1. Prepare os crachás de identificação com as três posições (executor/líder/auditor) – eles simbolizam o cargo e a função em que cada um está num dado momento (rodada) do jogo-exercício.
2. Separe o grupo em trios e peça a eles que escolham livremente quem será A, B e C.
3. Distribua os crachás conforme a Tabela 9.1.

Tabela 9.1

1ª Rodada	
A	FAZ
B	OBSERVA
C	ORIENTA

2ª Rodada	
A	ORIENTA
B	FAZ
C	OBSERVA

3ª Rodada	
A	OBSERVA
B	ORIENTA
C	FAZ

4. Explique as posições e suas funções ou distribua folhas conforme a Tabela 9.2.

Tabela 9.2

Posições		Funções
Executor	1º Bloco de 5 minutos	Vendar os olhos Colocar a tipóia no braço da mão dominante (se não tiver tipoia, pedir que ele coloque a mão dominante nas costas). Realizar a tarefa conforme instruções do Líder.
Executor	2º Bloco de 5 minutos	Ouvir atentamente o Auditor. Decidir, juntamente com o Líder, se vai finalizar ou continuar a tarefa em um 2º bloco de 5 minutos buscando melhor qualidade e/ou conclusão. Continuar a tarefa.
Auditor	1º Bloco de 5 minutos	Captar a informação com o facilitador e transmiti-la claramente ao Líder sem utilizar os palitos. (Ele pode utilizar qualquer outra estratégia, mas não diga isso. Avalie a iniciativa.) Observar sem dizer nem expressar nada até ser chamado para auditar e decidir se chama ou não o cliente (facilitador). Impedir que o Líder toque no executor ou nos palitos.
Auditor	2º Bloco de 5 minutos	Descrever **imparcialmente** a situação para o Executor, dizendo como é o modelo e como estão dispostos os palitos no momento e ficar novamente em silêncio se o Executor e o Líder decidirem continuar.
Líder	1º Bloco de 5 minutos	Aguardar as instruções que serão dadas pelo Auditor. Orientar o Executor a realizar a tarefa sem tocar nele ou nos palitos PARA NADA.
Líder	2º Bloco de 5 minutos	Ficar em silêncio enquanto o Auditor descreve a situação no intervalo da 1ª para a 2ª rodada. Observar o modelo que estará projetado no telão. Continuar a orientação caso o ele e o Executor decidam concluir/melhorar a tarefa.

5. Marque no cronômetro 3 minutos para que o Auditor passe a instrução ao Líder.
6. Dispare o cronômetro em 5 minutos para a 1ª rodada e vá informando o tempo de 1 em 1 minuto. Isso lhe permitirá avaliar a resiliência do grupo em trabalhos sob pressão.
7. Pare o cronômetro e faça com que todos parem o que estiverem fazendo.
8. Peça ao Auditor que descreva a situação para o Executor.
9. Pergunte aos Executores se querem mais 5 minutos para aperfeiçoar ou concluir.

Dicas

1. São raras as pessoas que desistem e não continuam o 2º bloco; na verdade, isso só aconteceu com um pessoa até hoje. Esse fato representou material vasto para debate sobre esse comportamento, inclusive para mostrar como estava afetando a todos.
2. Os Executores podem tirar as vendas dos olhos a qualquer momento, assumindo a responsabilidade pelo resultado.
3. Cuidado com Auditores que, em vez de descreverem imparcialmente a situação, tentam orientar o Executor ou dizem ao Líder o que ele está fazendo de errado. Essa não é a função deles e é por isso, em geral, que Auditores são tão odiados. Eles não são vistos como parceiros, mas como carrascos e juízes.
4. Encerre com o CAV – Ciclo de Aprendizagem Vivencial (*debriefing*).

10

Dinâmica dos Espelhos

DINÂMICA DOS ESPELHOS

Essa dinâmica e seu *debriefing* estão baseados em experiências de laboratório de Neurociência que mostram como partes do cérebro reagem aos estímulos recebidos.

Para isso, são utilizados recursos de última geração, como eletrodos, condutores, polígrafos, equipamentos de ressonância magnética. Principalmente equipamentos que permitem registros polissonográficos como:

- Eletroencefalograma (monitora atividade cerebral).
- Eletro-oculograma.
- Eletromiograma (registra o tônus muscular).
- Eletrocardiograma.
- Fluxo oronasal.
- Avaliação da respiração através dos movimentos do abdome e do tórax.
- Saturação do oxigênio (percentual de oxigênio associado à hemoglobina nos glóbulos vermelhos) que mostra como o cérebro e a mente trabalham e possibilita percepções novas sobre a mesma realidade. Também é uma dinâmica extremamente apropriada para trabalhar situações de mudança e estimular a criatividade.

Como não temos equipamentos nem simples nem sofisticados para isso faremos uma experiência aproximada, reproduzindo, ao máximo, essas circunstâncias.

O espelho fornecerá os estímulos e o participante será o polígrafo.

OBJETIVO

Sensibilizar os participantes para a importância da análise de contexto, da percepção dos sinais reais/imaginários e das variáveis que podem interferir nesse processo.

Cada participante recebe um espelho, de preferência retangular, de cerca de 20 cm por 10 cm.

ORIENTAÇÃO

Vamos nos dividir em Grupo A e Grupo B.

O Grupo A será composto de Exploradores, livres para caminhar e curtir, monitorando sentimentos, sensações e emoções.

O Grupo B será composto por Monitores que apenas acompanham, em silêncio, sem interferir e só tocam no explorador se for absolutamente necessário. Observam, particularmente, reações dos músculos das pernas (tremedeiras, instabilidade, titubeios), mas também expressões verbais de susto, medo, insegurança, espanto, surpresa etc.

Cada participante coloca o espelho sob o nariz e caminha olhando para o espelho. Ele percorrerá um trajeto previamente determinado pelo focalizador (chegue mais cedo para testar os melhores lugares para fazer isso) e já conhecido pelos participantes (incluir no percurso uma área ao ar livre).

Você pode preparar um *slide* com o seguinte resumo:
1. Caminhar dentro e fora da sala.
2. Observando tudo o que for possível.
3. Principalmente passagens, mudanças de ambientes.
4. Com foco em monitorar sentimentos, emoções e, principalmente, sensações.

Enfatize o foco, principalmente, nas sensações por duas razões. A primeira, e mais importante, é que são elas que dão valor científico à parte principal do *debriefing*. A segunda é que você poderá diagnosticar o quanto o grupo já sabe sobre emoções (QE).

Se você aplicar esse exercício no mesmo planeta que eu, descobrirá que a grande e esmagadora maioria das pessoas não sabe sequer a diferença entre sensação (tontura, ânsia, náuseas, perda de equilíbrio etc.) e emoção (medo, alegria, raiva, tristeza e amor). Se nem isso sabe, imagine a sutileza entre emoções autênticas, inatas, mecanismos de sobrevivência, não podem ser erradicadas (eliminadas) apenas administradas e sentimentos (qualquer outra coisa que não seja sensação ou uma das cinco emoções básicas).

Se as pessoas não percebem essas diferenças é porque não sabem o que cada uma representa nem como pode ajudá-la ou dificultar-lhe o atingimento de certos objetivos. Aliás, de quaisquer objetivos.

Eu costumo anteceder o exercício dos espelhos com a projeção de uma cena, muito impactante, do filme "Limite Vertical". Em um momento particularmente crítico da cena, quando sei que a adrenalina disparou (mesmo para quem já viu o filme) e antes do desfecho, pauso o DVD e pergunto o mais rápido que posso: "De 0 a 10, quanto estão agora seu batimento cardíaco, respiração, pulsação, adrenalina, tensão muscular..." e eles me respondem: "De 0 a 10 está 11!" Então, pergunto: "Por quê? Por que sua neurologia está alterada se é só um filme e você sabe que é só um filme?" O que justificaria uma alteração de respiração e batimento cardíaco, por exemplo, seria você estar fazendo algum exercício físico, mas você está sentado desde que chegou. O que justificaria a injeção de adrenalina no sangue seria você estar em uma situação de perigo, mas você não está. Então, como se explica essa resposta do nosso organismo não só a este mas a qualquer filme, livro e até mesmo pensamento?

Essa experiência deve durar cerca de 20 a 30 minutos, entre a saída da sala, o percurso e o retorno à sala.

>*Observação:* Iniciar exploração utilizando a dinâmica da roda (tudo pelo não dito).

Formar um círculo, de braços dados, intercalando pessoas viradas para dentro e para fora. Informar que "só falam as pessoas que estiverem viradas para dentro da roda".

Solicitar que os participantes que estejam virados para o centro da roda, então, comecem a comentar a Dinâmica dos Espelhos.

Observação: Espera-se que as pessoas voltadas para fora, ao ouvirem a informação "só falam as pessoas que estiverem viradas para dentro da roda", se reposicionem para participar e poder falar. A tendência é a de as pessoas permanecerem na formação original, criando para si uma regra não dita: "Eu não posso me virar para dentro do círculo". Elas ficam furiosas com o focalizador (cultura da vitimização). Por conta disso, as pessoas ficam sem participar, mas não tomam a iniciativa de se voltar para dentro. Isso, geralmente, reflete o medo que elas têm de "quebrar" as regras do jogo e serem punidas por isso.

Deve-se comentar, ainda, sobre a dinâmica da roda, o quanto no dia a dia seguimos regras não ditas, inventamos regras, transformamos possibilidades em limitações jurando que o limite está fora de nós e nos foi imposto. Esta é a cultura da vitimização. As pessoas, quanto mais vítimas mais intensamente o fazem, acusam-me de ser 100% responsável por sua "exclusão". Elas realmente não conseguem enxergar seus 100% de responsabilidade em, no mínimo, perguntar-me "posso me virar para o centro agora?" Ao que eu, obviamente, responderia, "Sim, por favor".

É importante verificar, e depois trazer à consciência, se cada um compreende que "só fala quem estiver virado para o centro" é uma regra e, mesmo que ela incomode, nós "aprendemos" que não devemos questionar e acabamos criando a cultura do "não". Mas é um *não* criado por nós mesmos! Aceitação sem questionamento pertinente é igual à síndrome do "sempre foi feito assim".

Não arriscar corresponde ao medo de errar que, por sua vez, mantém-nos na famosa zona de conforto. O paradoxo é que de confortável tal zona não tem nada!

Quando todos se derem conta de seus 100% de responsabilidade, pode-se desfazer o círculo, dando continuidade à exploração do "espelho".

Peça ao grupo que registre em uma folha de *flip-chart* todas as emoções, sentimentos e sensações "ruins" ou "negativos" ou "desagradáveis" que tiveram e em outra folha os "bons" ou "positivos" ou "agradáveis".

Você verá algo parecido com:

Negativos	Positivos
Medo.	Liberdade.
Insegurança.	Caminho sempre livre.
Tontura.	Fazer parte da natureza.
Aflição.	Divertimento.
Desconforto.	Participação.
Dependência.	Descoberta.
Dificuldade.	Confiança.
Vergonha.	Reflexão.
Ridículo.	Sensação amigável.
Confusão.	Harmonia com a vida.
Escuridão.	Valorização.
Perda de noção espacial.	Tridimensionalidade.
Perda de equilíbrio.	Clareza/iluminação.
Tremedeira.	Flutuação.
Mão gelada.	Empolgação.
Tensão.	Novidade.
Pavor.	Encantamento.

Eu gosto de começar mostrando que não existe qualquer experiência na história do ser humano que não contenha em si mesma aspectos positivos (ampliadores de experiência) e negativos (limitadores de percepção e aprendizagem). E que nós podemos eleger que aspectos queremos registrar em nossas neurologias para fins de desenvolvimento.

Gosto, também, de observar que tudo que as pessoas comumente relacionam e classificam como "negativo" tinha função e intenção das mais positivas: preservar, proteger, cuidar, impedir que se ferissem etc. Essa é uma das premissas da Neurolinguística, aliás assim postulada: "Todo comportamento tem, ou tinha quando foi gerado, uma intenção positiva". É isso que precisamos qualificar em nossa história para evoluir mais rapidamente.

A mente sabe das condições físicas e espaciais do percurso. Na experiência, a visão está mandando para o cérebro uma mensagem diferente daquilo que a mente sabe. Isso gera as sensações de insegurança, percepção errônea de profundidade, perceber obstáculos que não existem, não perceber outros reais; enfim, quando a mente e o cérebro estão dissociados, há maior resistência na assimilação/aceitação de informações. Por exemplo, mudança organizacional *versus* segurança. Quando o chefe diz "Não se preocupe, as coisas acontecem assim" – a mente tem a informação. O funcionário, no nível do inconsciente, percebe sinais diferentes e os envia para o cérebro, que assim se desalinha da mente, gerando descréditos.

O fato é que a informação de que não havia perigo real sempre esteve no córtex. Mas, como o cérebro límbico não faz distinção entre realidade, memória, fantasia, pensamentos, ideias, enfim, não distingue o real do imaginário, por exemplo pesadelo – você sonha e quando acorda mantém as mesmas sensações como suor, o Sistema Nervoso Central responde aos estímulos recebidos via espelho como se fossem reais e não nos deixa sequer acessar o córtex para buscar as informações que temos!

O aspecto positivo disso é justamente podermos utilizar jogos e dinâmicas para "ensaiar" comportamentos futuros fora de situações de risco. Se o conhecimento prático do espaço do jogo chegar à consciência, ele não pertencerá mais apenas ao jogo, mas, também, à realidade cotidiana.

Voltando ao aspecto anterior, por mais domínio que você tenha do contexto em que está inserido, você recebe sinais diferentes que distorcem sua percepção daquele mesmo contexto. Muitas vezes, você pode "pular" um obstáculo inexistente e não ver muito bem um obstáculo real. É preciso conhecer muito bem o seu contexto para perceber se os sinais são reais e que condução você dará, então, para suas ações.

Entretanto, não importa se o que você percebe é real ou apenas sua interpretação/percepção de realidade. O travamento, o titubeio e o bloqueio ocorrerão da mesma forma até que sejam administrados.

Vamos lembrar que o medo é uma emoção básica, inata, de autoproteção e preservação da espécie portanto, nem você, nem eu, nem ninguém, pode se impedir de sentir medo durante um processo de mudança. Nem mesmo pode se impedir de perder, por um tempo, a estabilidade e a competência. E isso também não importa. O que importa é saber como fazer para que essa instabilidade dure o mínimo possível.

Começamos deixando claro para os treinandos que sentir medo, insegurança ou qualquer outro tipo de mal-estar não é sinônimo de falta de caráter, de desmotivação, irresponsabilidade ou falta de comprometimento. É uma condição do sistema nervoso de todo e qualquer ser humano. O mais importante, agora, é descobrir o que todos fizeram para continuar o exercício até o fim *apesar* do medo, da insegurança etc.

Precisamos levá-los a enxergar que foi buscando e obtendo informações contraditórias àquelas que os "travaram" que eles conseguiram continuar: tateando e encontrando o chão; olhando por cima do espelho e encontrando o chão; ouvindo o monitor (líder) dizer "pode ir. É seguro". Quando o "travamento" é neurológico, as informações para "destravar" também precisam vir via sistema nervoso (ver, ouvir e sentir), para que nos permitamos continuar. E é apenas isso que precisamos fazer em quaisquer circunstâncias da vida: "Travou"? Busque informações. Mas não quaisquer informações. Aquelas que contrariem as que "travaram".

Algumas dicas úteis e um resumo geral a partir dessa vivência:
- Cuidado com as mudanças propostas no planejamento estratégico.
- Foco nas oportunidades de treinar fora de situações de risco as competências para concretizar o planejado.
- Atenção às pessoas afetadas pelas propostas do planejamento.
- Atenção aos processos de mudanças.
- Riscos *versus* Oportunidades: cuidado para não se ater apenas aos riscos.
- Para resolver problemas de instabilidade gerados pela mudança: buscar informação + informação + informação.

Finalizando:
- Planejar é ensaiar o sucesso. O límbico não sabe que é ensaio. Por isso, está aprendendo de fato!

- "Trava" aqui, "trava" na vida. Não existem duas neurologias: uma na empresa e uma no jogo. É sempre a mesma.
- Parece que "vemos" tudo ao redor, mas ainda não. O que será que você está "perdendo" no seu dia a dia?
- A verdade é aquilo em que se acredita.

A seguir, há o relato de um caso verídico e altamente ilustrativo de nossa realidade mais comum em termos de liderança.

Eu estava aplicando essa atividade em mais um dos inúmeros grupos de líderes com os quais já trabalhei, quando um senhor de seus 60 e poucos anos, muito impaciente, formou uma dupla com uma mocinha de uns 20 e poucos anos. Ela estava, visivelmente, mobilizada pelo exercício e estávamos em um hotel onde a saída da sala para o saguão era o primeiro e já enorme desafio porque o pé-direito (altura) era enorme em relação ao da sala. Então, quando a mocinha viu a "profundidade" do abismo em que cairia já deu sua primeira "travada", acompanhada de um grito de susto. O senhor ficou irritado, mas se segurou. Quando ela finalmente conseguiu atravessar a fronteira da porta da sala de treinamento para o saguão, tinha que se dirigir ao elevador porque era a única maneira de chegar até o piso térreo e sair à rua (área aberta). Só que o elevador era de aço e mais baixo do que os modelos comuns, então parecia que a lâmina de aço da parte superior dele ia cortar ao meio a pessoa que a via através do espelho. Isso fez com que a moça, imediatamente, estancasse. Foi o bastante para que o senhor, que já estava irritadíssimo com a dificuldade dela, desse um tremendo empurrão dizendo: "Entra aí logo. É só uma droga de um elevador!". Essa moça deu um grito pavoroso de terror e congelou. O senhor levou um susto. Não compreendia nada do que tinha acontecido.

Imediatamente, eu tirei o espelho da moça. Pedi a ela que respirasse e pedi a ambos que retornassem à sala de treinamento e trocassem de papéis. O gerente deveria começar como explorador e a moça (também líder de menor hierarquia e menos tempo de casa), como monitora. Apenas quando ele chegou à porta da sala de treinamento no momento de passar para o saguão, ele se deu conta do que havia acontecido com ela. No elevador, ele também estancou abruptamente antes de entrar e *só aí ele **compreendeu** o que ela estava vendo e, consequentemente, sentindo!*

Conclusão: Sempre que você puder, coloque o líder no lugar do liderado vivendo uma experiência similar para que ele compreenda o que está sentindo seu liderado. E mais: na liderança, acompanhe, não "empurre". O estrago pode ser grande...

COMENTÁRIO DE UM GRUPO DE MULTIPLICADORES

Utilizamos a dinâmica dos espelhos com um grupo de nível gerencial, obtendo ótimos resultados, com grande envolvimento dos participantes. Na escolha dos espelhos, percebemos que o ideal são espelhos com bordas finas. Realizamos a atividade durante o dia e, no percurso ao ar livre, alguns participantes ficaram "encantados" com a nova perspectiva da visão.

11

A Competição no Banco dos Réus. Será Esta a Solução?

A Neurociência ensina que não existe uma única função (comportamento, recurso, competência, capacidade, habilidade etc.) no sistema humano que não tenha uma intenção positiva. Todo comportamento tem uma intenção positiva, ou tinha, no momento em que foi gerado. A generalização é que define sua inconveniência e estabelecerá a doença (desequilíbrio) ou mesmo a falência do sistema.

A dor de cabeça avisa sobre um possível problema no fígado; a insuportável dor no rim denuncia a presença de uma pedra que não deveria estar ali e está alerta para uma inconveniente utilização do corpo e suas funções. E por aí vamos. O que se tem a fazer é se cuidar melhor.

Penso que assim também seria o olhar que deveríamos ter para comportamentos menos sensoriais e mais psicossociais.

Refiro-me, agora, especificamente, à estratégia da competição.

Faço parte de uma comunidade que vem utilizando seus talentos e conhecimentos para desenvolver a consciência da cooperação para um mundo melhor. Até aqui, vamos bem. Parece ecológico ao meu sistema.

Meu conflito começa quando percebo que parte dessa comunidade (grande parte) está mais ocupada em atacar a competição do que em conscientizar os integrantes para melhores resultados. E eu nem posso afirmar que só existam essas duas estratégias no "jogo da vida". De toda forma é um contra-senso competir com a competição.

Agorinha mesmo estava relendo uma entrevista da HSM Management publicada em janeiro-fevereiro de 2002 em uma tradução da revista americana *Strategy & Business* com o fisiologista, especialista em história natural e Prêmio Pulitzer com o livro "Armas, Germes e Aço",

Jared Diamond. Professor de Fisiologia da UCLA e estudioso de biologia evolucionária, tem lá suas muitas contribuições para a Alta Gerência. Não apenas por serem lições de um Prêmio Pulitzer, mas por ser um cientista aberto, investigativo e sem preconceitos. Acima de tudo, um homem de múltiplas fontes de saber!

Nessa entrevista, este professor analisa vantagens e desvantagens de países como China, Índia, Israel e Brasil e revela técnicas de administração de milhares de anos de idade.

"Armas, Germes e Aço" demonstra que as forças mundiais do passado, como a geografia continental e a disponibilidade local de plantas e animais domesticáveis, têm sido responsáveis pelos sucessos e fracassos das civilizações ao longo do tempo, e não as diferenças genéticas entre os povos. A obra, mais do que uma simples história da civilização, é uma história da inovação e de como ela se desloca no tempo, entre os povos e por meio de barreiras espaciais. E tais ideias se transportam para o mundo dos negócios, como explica o autor: "Há diferenças óbvias entre empresas (Microsoft *versus* IBM), cinturões industriais (Vale do Silício *versus* Rota 128), países (Israel *versus* Brasil) e setores econômicos dentro do mesmo país (setor de produtos eletrônicos do Japão *versus* setor de produtos alimentícios). (...) Elas se referem a diferenças no fluxo de ideias, no controle centralizado e no *gerenciamento da concorrência*" (grifo meu).

Meu ponto aqui é que não é possível ignorar 13 mil anos de história sobre como sociedades inteiras fracassaram ou tiveram sucesso (esse é o período de tempo que o livro aborda). Vamos, pois, aos fatos, diz Diamond, em uma simplificação magnífica do que é administrar uma empresa: "... saber como organizar grupos de pessoas para produzir resultados específicos, inclusive rentabilidade e inovação". É ou não é uma sistematização genialmente simples e fiel à realidade? Agora, vamos às lições e a como isso tem a ver com minhas ideias sobre competição e cooperação. Diamond está novamente correto quando diz que "é exatamente esse o problema que as pessoas vêm tentando resolver nos últimos milhares de anos. Não é qualquer novidade. Toda sociedade é uma experiência de organização de grupos humanos. A maneira como esses grupos são organizados influencia o resultado final...". Se nos organizamos de forma cooperativa, unimos forças; se competitiva, dividimos forças, logo enfraquecemos.

Uma análise clássica das vantagens da cooperação, segundo Fábio Brotto, mostra que:

- A gente joga *com* os outros e *não contra* eles.
- Joga para superar desafios ou para vencer obstáculos não para vencer alguém.
- Objetivos com a participação de todos; todos criam e contribuem.
- Consegue maior homogeneidade nessa contribuição.
- Obtém maior produtividade.
- Valoriza metas coletivas e não interesses individuais.
- Elimina a agressão e a desconfiança.
- Desenvolve atitudes de empatia, cooperação, estima e boa comunicação.
- Os participantes desenvolvem senso de unidade e o sucesso é compartilhado.
- Desenvolve a autoconfiança.
- Tudo é possível para todos.
- Desenvolve equipes fortes de trabalho (o outro passa a ser visto como parceiro e não como adversário).
- Melhora o clima organizacional.

Mas, e as vantagens da competição? Existem? Claro que sim. Diamond aponta algumas em seu artigo. Essas são as minhas:

- Ela estimula a motivação. O grupo se inflama rapidamente, mostra muita energia.
- Aumenta o *start* do grupo/indivíduo à medida que injeta adrenalina no organismo.
- Faz-nos enxergar que se foi possível para um é possível para outros, falando em recordes principalmente, e aí eu passo a me perguntar "como é possível?" em vez de "será que é possível?". Porque já vi alguém fazendo.
- Em termos de mercado, é ela que garante que não teremos que enfrentar arbitrariedades por parte dos monopolistas (vide TAM/GOL).

– A competição assegura a contínua busca por melhoria, caso contrário (sem concorrência) correríamos o sério risco de estagnar.

Talvez venhamos a descobrir nas estratégias de organização de grupos humanos o que alguns segmentos de mercado já descobriram nos negócios: A **coopetição**. Quem sabe essa não será a terceira estratégia? A estratégia do futuro? O casamento saudável e equilibrado do melhor das outras duas. É o caso do jornal Valor Econômico, parceria de dois concorrentes do mercado jornalístico, mas parceiros nesse "filão" antes dominado apenas pelo jornal Gazeta Mercantil. Cada um tem agora seu *market-share* nesse mercado e nós, leitores, temos mais opiniões e pontos de vista sobre um mesmo evento para tomarmos nossas decisões. E como é bom ter mais e poder escolher! Acho que foi Marx quem disse que "quantidade também gera qualidade". Pelo menos em Neurociências eu posso afirmar que, quanto mais alternativas, mais flexibilidade para o sistema. Se o mundo é um sistema, isso deve ser bom para ele também. Não lhe parece?

Outros Títulos Indicados

Treinamento e Desenvolvimento de Pessoas e Carreira

Edição 2008
Autor: Gílson José Fidelis
Nº de páginas:128
Formato:16 x 23cm

Sinopse:

A maioria das Universidades ainda está em total descompasso com a necessidade das empresas. À medida em que o mercado vai ficando mais competitivo, empresas são obrigadas a desenvolver competências estratégicas, únicas e distintivas, que conferem grande vantagem competitiva e que são a chave de diferenciação face aos concorrentes. Cada vez mais, as empresas vão sentindo a necessidade de treinar e desenvolver seus funcionários e, para tanto, investem pesado em T&D para consolidar sua "Core-competence".

Esta crescente preocupação têm reflexos na área editorial, e já é possível perceber um aumento do número de publicações na área de treinamento e desenvolvimento. O diferencial do livro de Gilson José Fidelis é seu aspecto profundamente didático, que o torna um instrumento eficaz para o professor em sala de aula. Ao longo da obra, o autor destaca a evolução da área de treinamento e os maiores desafios gerenciais como a "mudança organizacional" e a "gestão do conhecimento" além de analisar os indicadores de avaliação de desempenho.

Trata-se de um livro completo, capaz de ajudar professores e alunos, mas de igual forma útil para profissionais de todas as áreas, especialmente de RH.

Outros Títulos Indicados

Treinamento e Desenvolvimento na Capacitação Profissional

Edição 2006
Autor(es): Antônio Walter de Andrade Nascimento
Nº de páginas:112
Formato:16 x 23cm

Sinopse:

A obra analisa os erros e acertos no processo e nas atividades de treinamento e desenvolvimento e oferece soluções práticas, inteiramente voltadas para o alcance dos resultados planejados. Nos dias atuais, com a globalização, a concorrência cada vez mais acirrada e o mercado voraz, o Treinamento e o Desenvolvimento aplicados à capacitação profissional se tornaram as atividades mais importantes e necessárias na empresa moderna. Esta obra faz uma abordagem do tema de forma bastante prática e objetiva, analisando quatro itens que são fundamentais: Os erros, os acertos, as soluções e a objetiva explanação que se trata das práticas mais atuais e eficazes no mercado.

Um livro escrito para empresários e executivos que desejam preencher os cargos de suas empresas com profissionais capacitados e garantir assim, o retorno de seus investimentos. A obra é destinada também aos profissionais das áreas de Recursos Humanos, às escolas técnicas, faculdades e universidades que formam profissionais, principalmente nas áreas de Administração, Psicologia e Engenharia, além do profissional que deseja uma atualização ou desenvolvimento pessoal.

Outros Títulos Indicados

ROI de treinamento, capacitação & formação profissional

Edição 2008
Autora: Cristina Gomes Palmeira
Nº de páginas: 144
Formato: 16 x 23cm

Em um ambiente organizacional de pressão constante pela edução de custos e exigência de programas de treinamento alinhados às estratégias empresariais, os profissionais de Recursos Humanos (RH) são cada vez mais requeridos por seus superiores. Frustrados, muitos não sabem por onde começar e se perguntam o tempo todo como fazer para medir o resultado de investimento em exercícios. Sem auxílio prático e teórico, em razão da escassez de publicações sobre o tema no Brasil, muitos acabam sucumbindo.

Para resolver essa questão, Cristina Gomes Palmeira, na segunda edição de ROI de treinamento, capacitação & formação profissional - Retorno do Investimento, retoma o atual tema para socorrer os profissionais de RH e transformar de vez a mentalidade daqueles que ainda não acreditam ser possível medir o retorno de investimento. Seu objetivo é auxiliá-los na árdua tarefa de se comparar os benefícios líquidos resultantes de um programa de treinamento com seus custos e, para isso, lança mão de uma série de sistemas desenvolvidos ao longo de sua atuação no mercado. Ao final, espera-se que os leitores estejam aptos a mensurar, de forma precisa, os resultados atingidos e assim provar a eficácia de seus projetos em suas corporações.

ROI de treinamento, capacitação & formação profissional - Retorno do Investimento é uma obra completa, que contém um resumo das principais técnicas sobre retorno do investimento com casos aplicativos reais. Uma referência para os profissionais que desejam atingir resultados precisos em T&D, capacitação e formação profissional.

QUALITYMARK EDITORA

Entre em sintonia com o mundo

QualityPhone:

0800-0263311

Ligação gratuita

Qualitymark Editora
Rua Teixeira Júnior, 441 – São Cristóvão
20921-405 – Rio de Janeiro – RJ
Tels.: (21) 3094-8400/3295-9800
Fax: (21) 3295-9824
www.qualitymark.com.br
e-mail: quality@qualitymark.com.br

Dados Técnicos:

• Formato:	16 x 23 cm
• Mancha:	12 x 19 cm
• Fonte Títulos:	Optima
• Fonte Texto:	Futura Bk Bt/Helvetica
• Corpo:	11
• Entrelinha:	13
• Total de Páginas:	144
• Lançamento:	2009
• Primeira Edição:	2012